ERIKA SIMON

ADOLF MICHAELIS
LEBEN UND WERK

SITZUNGSBERICHTE DER WISSENSCHAFTLICHEN GESELLSCHAFT
AN DER JOHANN WOLFGANG GOETHE-UNIVERSITÄT FRANKFURT AM MAIN

BAND XLIV, Nr. 3

FRANZ STEINER VERLAG STUTTGART
2006

ADOLF MICHAELIS
LEBEN UND WERK

VON

ERIKA SIMON

FRANZ STEINER VERLAG STUTTGART
2006

Vorgelegt am 10. Juni 2006
in einer Sitzung der Wissenschaftlichen Gesellschaft
an der Johann Wolfgang Goethe-Universität Frankfurt am Main

Gedruckt mit finanzieller Unterstützung der
Schleicher-Stiftung

Bibliografische Information der Deutschen Nationalbibliothek
Die Deutsche Nationalbibliothek verzeichnet diese Publikation in der Deutschen Nationalbibliografie; detaillierte bibliografische Daten sind im Internet über <http://dnb.d-nb.de> abrufbar.

ISBN 10: 3-515-08976-4
ISBN 13: 978-3-515-08976-0

ADOLF MICHAELIS

LEBEN UND WERK

Im Sommer 1906, vor einem Jahrhundert, wurde an der Universität Strassburg unsere Wissenschaftliche Gesellschaft gegründet[1]. Ihr Mitgründer und erster Vorsitzender war Adolf Michaelis (Abb. 1 und 2). Die Übersiedlung an die Universität Frankfurt erlebte er nicht mehr, da er 1910 mit 75 Jahren verstorben war. 1913 gab die Wissenschaftliche Gesellschaft in Strassburg eine Gedenkschrift heraus[2]. Sie enthält am Anfang eine 1903 verfasste Autobiographie und am Ende auf 20 Seiten das Verzeichnis der Schriften von Adolf Michaelis. Dazwischen stehen Nachrufe der Wissenschaftlichen Gesellschaft, der Philosophischen Fakultät der Universität Strassburg und der Zentraldirektion des Deutschen Archäologischen Instituts in Berlin. Diese Schrift ist grundlegend für das folgende. Es gliedert sich in zwei Teile: Leben und Werk.

I.

Adolf Michaelis stammte von Vater und Mutter her aus Kieler Gelehrtenfamilien. Als er dort am 22. 6. 1835 geboren wurde, gehörte das Herzogtum Holstein seit zwei Generationen zu Dänemark. Nach dem Krieg von 1866 wurde Kiel zum Haupthafen Preußens. Der Vater, Gustav Adolf Michaelis, war Gynäkologe an der Christian-Albrechts-Universität in Kiel. Letztes Jahr erschien ein Jubiläumsband zum 200-jährigen Bestehen der Kieler Universitäts-Frauenklinik und ihrer Hebammenschule, die den Namen von Michaelis trägt[3]. Daraus ist zu entnehmen, dass die Leistung des Mediziners, an den auch eine Straße in Kiel erinnert, noch heute im Fach Anerkennung findet. Er war vor allem ein Reformer auf dem Gebiet der Geburtsmedizin. Vieles hätte er noch leisten können, als er 50-jährig, 1848 aus dem Leben schied. Er warf sich im Bahnhof von Lehrte bei Hannover vor einen Zug.

[1] Herde 1981, 2 ff. Die Philosophische Fakultät der Universität Strassburg „besaß auch im Jahre 1906 eine Reihe von Gelehrten von internationalem Format, deren Werke teilweise heute noch einen hervorragenden Wert haben“ (*ibidem* 9). Zu ihnen gehörte Michaelis.

[2] Adolf Michaelis zum Gedächtnis (hier: Gedenkschrift). Die im späten Jugendstil gestaltete Schrift enthält zwei (hier wiederholte) Porträts des Geehrten: als Frontispiz eine Fotografie aus dem Jahr der Gründung der Gesellschaft, als Michaelis 71 Jahre alt war (Abb. 2) und S. 31 sein Profil in Bronze am Eingang zum Archäologischen Museum der Universität Strassburg (Abb. 1); bei Szemethy 2005 Taf. 12, 4 findet sich eine Fotografie von Michaelis aus seinen mittleren Jahren.

[3] Walter Jonat u. a. (Hrsg.) Universitäts-Frauenklinik Kiel und Michaelis-Hebammenschule 1805–2005 (Stuttgart 2005) 11–15: Gustav Adolf Michaelis (1798–1848) Direktor der Anstalt 1841–1848.

Ersatzvater für den 13-jährigen Sohn wurde Otto Jahn (Abb. 3), der Bruder seiner Mutter Julie Michaelis geb. Jahn[4]. Er war nicht nur ein bedeutender Philologe und Archäologe, sondern auch Goetheforscher und Musikhistoriker. Die bis heute grundlegende Mozart-Biographie stammt von ihm. Das 1862 erschienene Köchelverzeichnis, nach dem Mozarts Werke zitiert werden, ist Otto Jahn gewidmet. Er war auch Mitbegründer der Leipziger Bach-Gesellschaft und ihr erster Vorsitzender. Michaelis hat später Werke seines Onkels, der 1869 mit 56 Jahren verstarb, neu herausgegeben[5]. Erwähnt sei etwa das Märchen von Amor und Psyche aus den Metamorphosen des Apuleius, das 1905 in 5. Auflage erschien.

Michaelis begann sein Universitätsstudium 1853 in Leipzig, da sein Onkel Jahn dort als Privatgelehrter lebte – er hatte seinen Leipziger Lehrstuhl 1850 aus politischen Gründen aufgeben müssen. Jahn nahm den Neffen im Herbst des gleichen Jahres, 1853, nach München mit, da er den Auftrag hatte, die Sammlung antiker Vasen König Ludwigs I zu beschreiben[6]. Michaelis verfasste dazu ein 16-seitiges Register. So war er schon vom ersten Semester an mit archäologischer Arbeit vertraut. Das setzte sich 1854 fort, als Jahn einen Ruf nach Bonn erhielt und Michaelis zum Studium nach Berlin ging. Zu seinen dortigen Lehrern gehörten Eduard Gerhard und Ernst Curtius, zwei in der Geschichte der Archäologie wohlbekannte Namen[7]. Noch wichtiger war das Berliner Zusammentreffen mit dem dreieinhalb Jahre älteren Alexander Conze aus Hannover[8]. Der später in Wien und Berlin tätige Archäologe wurde sein bester Freund. Michaelis widmete sein 1906 erschienenes Alterswerk „Die archäologischen Entdeckungen des 19. Jahrhunderts" den Freunden Alexander Conze und Eugen Petersen.

1857 wurde Michaelis an der Kieler Universität mit einer Arbeit über die Ars Poetica des Horaz promoviert. Darauf begab er sich auf eine Studienreise nach Rom.

[4] O. Jahn (1813–1869): A. Michaelis, Otto Jahn. In: Allgemeine deutsche Biographie 13, 1881, 668 ff. (fehlt im Verzeichnis der Gedenkschrift); Lullies / Schiering 35 f. (R. Lullies); Calder 1991; C. W. Müller, Otto Jahn. Mit einem Verzeichnis seiner Schriften (Stuttgart / Leipzig 1991) *ibidem* 85 ff Literatur über Otto Jahn. – Zu seinem Neffen Michaelis: Lullies / Schiering 61 f. (H. Döhl). Gefördert wurde Michaelis auch von dem sehr lange an der Kieler Universität tätigen P. W. Forchhammer (1801–1894): *ibidem* 27 f. (H. B. Jessen).

[5] Gedenkschrift 10 : „… neue Bearbeitungen, zum Teil völlige Umarbeitungen einiger von O. Jahn herausgegebenen Werke." Es waren damals ‚Dauerbrenner' wie *Sophoclis Electra* (^{2}1872; ^{3}1882); *Apulei Psyche et Cupido* (^{2}1873; ^{3}1883; ^{4}1895; ^{5}1905); *Pausaniae descriptio arcis Athenarum* (^{2}1880). Dieses auch für den Parthenon wichtige Werk gab Michaelis 1901 noch einmal in völliger Neubearbeitung heraus.

[6] O. Jahn, Beschreibung der Vasensammlung König Ludwigs in der Pinakothek zu München (München 1854) 373–389 (vgl. auch oben Anm. 4). Michaelis verfasste nicht nur hierzu das Register, sondern im folgenden Jahr in Berlin auch zu E. Gerhard, Griechische Mythologie II (Berlin 1855) 359–457 (Gedenkschrift 31 Anm. 1). – Die Entlassung Jahns hing mit Leipziger Vorgängen im Revolutionsjahr 1848 zusammen; dazu Calder 1991, 11 mit Anm. 5 (J. Bazant).

[7] E. Gerhard (1795–1867): Lullies / Schiering 20–22 (H. B. Jessen); E. Curtius (1814–1896): ebendort 39 f. (R. Lullies). – O. Jahn (oben Anm. 4) verfasste „Eduard Gerhard. Ein Lebensabriss" (1868); unten Anm.145.

[8] A. Conze (1831–1914): Lullies / Schiering 59 f. (A. H. Borbein). – Zu E. Petersen (1836–1919): Luliies / Schiering 63 f. (W. Schirmer). Er gab nach dem Tod von Michaelis das noch von diesem vorbereitete Werk „Otto Jahn in seinen Briefen" heraus (Leipzig 1913); Gedenkschrift 51.

1860 reiste er gemeinsam mit Alexander Conze nach Griechenland. Die beiden waren die ersten Inhaber des heute noch bestehenden Reisestipendiums des Deutschen Archäologischen Instituts[9]. Die Briefe aus jenem Reisejahr (und die von der Türkei- und Griechenlandfahrt 1886) wurden neuerdings durch Hans von Steuben ediert und kommentiert[10]. Michaelis kehrte über Italien nach Deutschland zurück und beschloss seine ‚Wanderjahre' mit Studienreisen nach Paris und London, wie er in seiner Autobiographie berichtet. Er ist aber auch später noch viel gereist, besonders nach England, das zu seiner „zweiten wissenschaftlichen Heimat" wurde. So heißt es im Nachruf von Franz Winter, der 1907 als Nachfolger von Michaelis den Strassburger Lehrstuhl übernommen hatte[11].

1861 habilitierte sich Michaelis in Kiel für die Fächer Klassische Philologie und Archäologie. Die letztere war fast überall noch kein selbständiges Universitätsfach, sondern mit der Philologie verbunden. K. O. Müller hatte in Göttingen[12], F. G. Welcker in Bonn[13] Vorarbeit dafür geleistet. Dazu kam Welckers Nachfolger in Bonn, der schon erwähnte Otto Jahn. In der zweiten Jahrhunderthälfte war dessen Neffe Michaelis einer von denen, durch deren Lebensarbeit Archäologie zum Universitätsfach wurde. Er hebt in seinen Schriften bis in die Spätzeit immer wieder hervor, dass im Zentrum seiner Forschung die Kunst stehe. Diese hat bei ihm einen weiten Radius, umfasst nicht nur Skulptur, Malerei und Keramik, sondern ebenso die Architektur von Tempeln und Profanbauten wie die Anlagen ganzer Städte. Er hat den ersten Band der Kunstgeschichte seines Freundes Anton Springer „Das Altertum" von der 4. bis zur 9. Auflage immer wieder neu bearbeitet. Die letzte war in seinem Todesjahr noch im Druck und erschien 1911[14]. Ab den neunziger Jahren beschäftigte er sich auch mit provinzialrömischer Kunst[15], die er in seinen „Ancient Marbles in Great Britain" (1882), wie er im Vorwort schreibt, noch ausgelassen hatte.

Archäologen sind zwar nach allgemeiner Auffassung vor allem Ausgräber; Michaelis jedoch praktizierte Archäologie auf andere Art. Obwohl zu seiner Zeit sehr wichtige Grabungen stattfanden, arbeitete er in Museen und Sammlungen, und zwar besonders in England. Sein dorthin gerichtetes Interesse lag zunächst an den Skulpturen vom Parthenon, den Elgin Marbles, im Britischen Museum. Dazu kamen andere griechische Originalwerke in London, schließlich die überraschend vielen Antiken in englischen und schottischen Privatsammlungen. Über die letzteren schrieb Michaelis das schon zitierte 834-seitige Werk „Ancient Marbles in Great Britain",

[9] Gedenkschrift 6 (Autobiographie).

[10] Adolf Michaelis, Archäologische Reisen in Griechenland 1860 und 1886. Herausgegeben, eingeleitet und kommentiert von Hans von Steuben (Möhnesee 2004).

[11] Gedenkschrift 29; Franz Winter (1861–1930): Luliies/Schiering 142 f.(U. Sinn).

[12] K. O. Müller (1797–1840): Lullies/Schiering 23 f. (H. Döhl). Michaelis, Parth. 86 f. nennt ihn unter den Pionieren des neuen Geschmacks, zusammen mit Welcker (nächste Anm.); Graepler 2005.

[13] F. G. Welcker (1784–1868): Lullies/Schiering 18 f. (W. Geominy).

[14] Gedenkschrift 10; vgl. 45 (1895) mit Anm. 1: „Text von Springer, von Michaelis durchgesehen und ergänzt"; 47 (1898 und 1901); 49 (1904); 50 (1907); 51 („posthum"); vgl. unten Anm. 36.

[15] Aus der Bibliographie in der Gedenkschrift 45 und 47 ist zu entnehmen, dass sich Michaelis 1895 und 1900 auch mit keltischen und römisch-germanischen Monumenten befasste.

dessen Text in England übersetzt wurde und 1882 in der Cambridge University Press erschien[16].

Die fruchtbare archäologische Zusammenarbeit zwischen deutschen und britischen Kollegen begann mit dem schon erwähnten Karl Otfried Müller, der im Jahr 1830 Abgüsse der Elgin Marbles für die Universität Göttingen erwarb[17]. Durch Michaelis wurden jene Beziehungen gefestigt, vielleicht nicht ohne den Einfluss von Thomas Carlyle. Golo Mann betrachtet in seinem Geschichtswerk dessen positive Einstellung gegenüber Deutschland zwar kritisch[18], aber bei ihm spielt Archäologie keine Rolle. Die gute britisch-deutsche Zusammenarbeit in diesem Fach bewährte sich nach dem Vorbild von Michaelis über Generationen hin. So erschienen wichtige Werke des großen Vasenforschers John D. Beazley von 1925 an zunächst auf deutsch[19]. Die Kehrseite der Medaille ist, dass Beazleys deutscher Übersetzer, der Archäologe Paul Jacobsthal, in den dreißiger Jahren zu ihm nach Oxford fliehen musste.

Michaelis lehrte zunächst in Kiel, dann in Greifswald. In den sieben Jahren 1865/72 entfaltete er eine rege Lehrtätigkeit an der Universität Tübingen, meist auf philologischem Gebiet, wie er in der Autobiographie schreibt[20]. Gleichzeitig entstand aber auch sein archäologisches Standardwerk „Der Parthenon". Es war nach seiner Ansicht die Ursache für den Ruf auf den Lehrstuhl für Archäologie an der Universität Strassburg, den er von 1873 bis 1907 innehatte[21]. Er unterhielt zugleich enge Beziehungen zwischen den Universitäten Strassburg und Tübingen, die bis heute nicht abgerissen sind. An seiner neuen Wirkungsstätte gründete er eine Sammlung von Gipsabgüssen antiker Skulpturen, wie sie schon in Göttingen, Bonn und an anderen Universitäten bestand [22]. In seiner in der dritten Person verfassten Autobiographie bemerkt Michaelis, er habe seine Vorlesungen und Übungen zum großen Teil mit Hilfe jener Sammlung veranstaltet[23]. Und er habe es „nie darauf abgesehen,

[16] Zur Widmung an George Scharf vgl. unten Anm.152. – In den Jahren 1884 und 1885 erschienen Supplement 1 und 2 zu den Ancient Marbles; vgl. Gedenkschrift 39 f.

[17] Graepler 2005. Das Britische Museum gab 1984 eine kurze Darstellung „The Elgin Marbles" von B. F. Cook heraus, mit einem Porträt von Lord Elgin; vgl. unten Anm. 42.

[18] Golo Mann, Deutsche Geschichte des 19. und 20 Jhs. (Fischer Taschenbuch Frankfurt/M 1997) 460 f.

[19] J. D. Beazely, Attische Vasenmaler des rotfigurigen Stils (Tübingen 1925); J. D. Beazley/P. Jacobsthal (Hrsg.) Bilder griechischer Vasen. Darin von Beazley Heft 2: Der Berliner Maler (1930); Heft 4: Der Pan-Maler (1931); Heft 6: Der Kleophrades-Maler.(1933). Die Reihe wurde 1974 neu ediert, mit Beazleys Text auf englisch (Mainz). – Zu Jacobsthal vgl. Lullies/Schiering 204 f. (K. Schefold).

[20] Gedenkschrift 6. Aber auch in Strassburg hielt er noch philologische Vorlesungen, wie aus den Nachrufen *ibidem* hervorgeht.

[21] Vgl. Gedenkschrift 8 und 12. Im Jahr 1877 schickte Michaelis einen „Festgruß an die Universität Tübingen" mit einer Arbeit über die Bildnisse des Thukydides; vgl. *ibidem* 36 und unten Anm. 126.

[22] Zu den Abgüssen in Göttingen: Graepler 2005. Die Strassburger Sammlung erhielt 1885 im neuen Universitätsgebäude eine würdige Bleibe. Michaelis verfasste den „Führer durch das Archäologische Museum" ([2]Strassburg 1897).

[23] Gedenkschrift 8, von dort auch das Zitat.

Schule zu machen, sondern sich vielmehr bemüht, in dem Kreise der philologischen Studien der antiken Kunst die ihr gebührende Stellung zu sichern". Dieses Ziel war ihm wichtiger als persönliche Erfolge. Über Privates schreibt Michaelis in seiner Biographie ohnehin kaum, weder vom Selbstmord des Vaters noch vom frühen Tod seiner ersten Frau. Sie starb nach einjähriger Ehe 1869, im gleichen Jahr wie der geliebte Ersatzvater Otto Jahn. In Strassburg schloss Michaelis 1874 eine zweite Ehe[24]. Zwei Söhne daraus lebten in Metz, der eine als Pfarrer der evangelischen Gemeinde, der andere als Gynäkologe wie sein Kieler Großvater. – Der oben zitierten Gedenkschrift entnehme ich am Schluss: „Eine kurze Erkrankung raffte Adolf Michaelis unerwartet in der Frühe des 13. August 1910 dahin." Die Bestattung erfolgte auf einem Friedhof bei Strassburg.

Zwischen Leben und Werk eines Forschers und Lehrers stehen dessen Schüler. Über einige von ihnen sei hier kurz berichtet. So wurden die Archäologen Friedrich Hauser (1859–1917)[25], Alfred Brückner (1861–1936) [26]und Otto Rubensohn (1867–1964)[27] bei Michaelis in Strassburg promoviert. Für alle drei ist charakteristisch, dass sie zwar in ihrem Fach hervorragten, aber keinen Ehrgeiz und/oder kein Glück in Bezug auf eine berufliche Karriere hatten. Hauser, der seine 1889 gedruckte Dissertation „Die neuattischen Reliefs" seinem Doktorvater widmete, lebte als Privatgelehrter in Rom. Nach dem frühen Tod Adolf Furtwänglers gab er ab 1907 dessen Standardwerk „Griechische Vasenmalerei" weiter heraus[28]. Hausers Texte in dieser Publikation gehören noch heute zu den besten in der Vasenforschung. Dem Archäologen Ludwig Curtius erzählte er von seiner großen Angst vor dem Rigorosum in Strassburg. Als er mit dem darum wissenden Michaelis eines Tages über archäologische Fragen diskutierte, sagte dieser, das sei nun die Doktorprüfung gewesen[29]. Einfühlungsgabe und Güte des akademischen Lehrers gehen daraus hervor. Und der beste derzeitige Kenner neuattischer Reliefs, Werner Fuchs, bezeichnet Hausers Dissertation als hervorragend und grundlegend[30]. Für spätere Generationen zählt nicht die Karriere eines Forschers, sondern dessen Leistung.

Der Michaelis-Schüler Brückner war Lehrer an einem Gymnasium in Berlin, grub aber seit 1891 im Kerameikos von Athen mit. Er leitete schließlich diese erfolgreiche Grabung, zum Teil mit Urlaub von seinem Lehrberuf, bis 1930. Ihm verdankt das Fach wichtige Erkenntnisse zu attischen Nekropolen und Grabreliefs. – Rubensohn promovierte 1892 in Strassburg mit einer Arbeit über die Mysterienheiligtümer von

[24] Gedenkschrift 13. Der Mädchenname der ersten Frau war Luise von der Launitz, der zweiten Minna Trendelenburg.

[25] Lullies/Schiering 132 f. (W. Fuchs).

[26] Lullies/Schiering 144 f. (R. H. W. Stichel).

[27] Lullies/Schiering 166 f. (K. Schefold).

[28] Hauser (oben Anm. 25) gab bis zu seinem Tod das heute noch unentbehrliche Werk des Archäologen A. Furtwängler und des Zeichners K. Reichhold (FR) zehn Jahre lang (1907/17) von Taf. 101–140 heraus. Es sind die ersten stilgetreuen Zeichnungen nach griechischen Vasenbildern, nach denen Beazley (oben Anm. 19) sogar Maler bestimmen konnte.

[29] Berichtet von W. Fuchs (oben Anm. 25).

[30] W. Fuchs, Die Vorbilder der neuattischen Reliefs. JdI Erg. Heft 20 (1959) 1; vgl. oben Anm. 25.

Eleusis und Samothrake. 1897/99 war er bei Grabungen auf der Insel Paros tätig. Als im ersten Weltkrieg Lehrer fehlten, meldete er sich freiwillig zum Unterricht an einem Berliner Gymnasium. In den dreißiger Jahren emigrierte er nach Basel. Bis ins hohe Alter verfasste er bedeutende Publikationen über die Kykladen[31]. Zu den Schülern von Michaelis gehörte auch der bekannte Limesforscher Ernst Fabricius (1857–1942), der einen Lehrstuhl für Alte Geschichte in Freiburg/Br. innehatte[32]. Die bedeutenden Archäologen Paul Wolters (1858–1936) und Ferdinand Dümmler (1859–1996) wurden zu Beginn ihres Studiums durch Michaelis in Strassburg angeregt und schlossen es in Bonn ab[33].Schüler von Michaelis und dem Kunsthistoriker Hubert Janitschek war schließlich der bekannte Kunstforscher Aby Warburg[34], der 1891 mit einer Dissertation über Botticelli in Strassburg promoviert wurde.

Während der Lehrtätigkeit von Jahn und Michaelis entwickelte sich, wie schon erwähnt, die Archäologie als Universitätsfach allmählich aus der Klassischen Philologie. Michaelis hatte in Strassburg einen archäologischen Lehrstuhl inne. Eine entsprechende Entwicklung lässt sich für das Universitätsfach Kunstgeschichte feststellen, das sich von dem Fach Geschichte löste. Der 10 Jahre ältere Kunsthistoriker Anton Springer, für dessen viel aufgelegtes Handbuch Michaelis mehrmals den ersten Band bearbeitete, war eine Zeitlang sein Kollege in Strassburg, ebenso später der 15 Jahre jüngere, noch heute weithin bekannte Kunsthistoriker Georg Dehio [35]. Die Universität Strassburg „hatte als eine der ersten ein Ordinariat für Kunstgeschichte erhalten".

[31] Einiges bei Schefold (oben Anm. 27) erwähnt. Hingewiesen sei auf RE XVIII 4 (1949) 1781–1872 *s. v.* Paros. Am Ende dieses Artikels bemerkt die Redaktion: „Manuskript eingeliefert 1936, Eintragung von Nachträgen vereinzelt bis 1945".

[32] Zu Ernst Fabricius: Lullies/Schiering 135 (W. Schiering); W. Schmitthenner, Zur Geschichte des althistorischen Seminars der Universität Freiburg anlässlich seines 100-jährigen Bestehens. In: Freiburger Universitätsblätter Heft 111 März 1991, 83–94

[33] Lullies/Schiering 124 f.(R. Lullies); ebendort 128 f. (R. Lullies). – Über F. Dümmler neuerdings C. W. Müller, Wilamowitz und Ferdinand Dümmler. Eine schlimme Geschichte (AbhAkadMainz 2005). Wilamowitz und dessen Schwiegervater Mommsen wollten seine Karriere verhindern. Dümmler musste für das Reisestipendium des DAI ein zweites Mal einreichen; seine in Göttingen 1886 geplante Habilitation wurde nicht vollzogen. Schließlich habilitierte er sich in Gießen und erhielt 1890 einen Ruf auf den gräzistischen Lehrstuhl der Universität Basel. Trotz seines kurzen Lebens hat der von Michaelis angeregte Dümmler wichtige Arbeiten verfasst, die nach seinem Tod als „Kleine Schriften I–III" (Leipzig 1901) erschienen; vgl. Müller *ibidem* 28 ff.

[34] E. H. Gombrich, Aby Warburg. An Intellectual Biography (London 1970); eine deutsche Ausgabe (Übersetzung M. Flenbork) erschien 1981 in der Europäischen Bibliothek, eine Neuausgabe in der Europäischen Verlagsanstalt (Frankfurt 2006); vgl. *ibidem* 75 : „Warburg setzte … sein Studium der klassischen Archäologie bei dem großen Adolf Michaelis fort, dessen hohe Anforderungen er gefürchtet hatte".

[35] Herde 1981, 13 (von dort das Zitat).

II.

Wir kommen zum zweiten Teil, zu den Schriften von Michaelis, die er selbst als seine wichtigsten ansah[36]. Sie wirken, wie im folgenden gezeigt werden soll, nicht nur auf die Geschichte der Archäologie, sondern auf die aktuelle Forschung ein. Wie schon erwähnt, verfasste er in seiner Tübinger Zeit – ab 1865 – das Werk über den Parthenon. Der Tafelteil erschien ein Jahr früher als der Text, der 1871 als Buch von 370 Seiten in Leipzig herauskam, mit der Widmung an den Onkel Otto Jahn. Die 15 großen Tafeln enthalten der Zeit entsprechend noch keine Fotografien, sondern Stiche und Zeichnungen. Diese hätten zwar auch in einem Abbildungsteil normalen Formats Platz gefunden, aber Tafeln solcher Größe dienten damals, vor dem Aufkommen der Diapositive, didaktischen Zwecken. Man verwendete sie in Vorlesungen und Übungen wie etwa die „Wiener Vorlegeblätter“, die in alten archäologischen Seminaren bis in meine Studentenzeit überlebten.

Der Parthenon-Text erinnert in seiner Methode an Editionen antiker Autoren. Michaelis war darin geschult. Er gab damals in Tübingen auch den *Dialogus de oratoribus* des Tacitus heraus (1868). Im „Historischen Theil“ des Parthenon-Werkes wird vorgeführt, was damals über die Athener Akropolis bekannt war[37]: von den Bauten der archaischen Epoche bis zur Klassik mit dem Parthenon als Höhepunkt. Dessen Architektur wird eingehend behandelt, ebenso die verlorene Statue der Athena Parthenos, der Bau der Propyläen durch Iktinos und vieles andere. Michaelis berichtet auch über die Schicksale der Akropolis im Hellenismus und in der römischen Kaiserzeit und über die Umwandlung des Parthenon in eine byzantinische Kirche. Zwar ist inzwischen manches Neue hinzugekommen, aber der Autor hat so gründlich recherchiert, dass seine Darstellung ihren Wert behalten wird. Auf den ersten Teil folgt „Übersicht und Kritik der Quellen“, womit bildlich Überliefertes zu den Parthenon-Skulpturen gemeint ist[38]. Den Hauptteil füllt die Erklärung der Tafeln aus. – Die vier wohlgegliederten Anhänge enthalten:

1. Inschriften, die sich auf den Parthenon beziehen[39]: Baurechnungen, Schatzverzeichnisse, Restaurierungen. Die Statue der Athena Parthenos wurde 438 v. Chr. in ihm aufgestellt. An den Giebeln arbeitete man noch sechs weitere Jahre. Als 431 v. Chr. der Peloponnesische Krieg ausbrach, waren sie noch nicht lange vollendet. Sie werden hier im Zentrum der Betrachtung stehen.

[36] Vgl. Gedenkschrift 10 (Autobiographie). Neben „Parthenon“ und „Ancient Marbles“ ist *ibidem* die Geschichte des DAI 1829/79 erwähnt. Sie ging später verkürzt in die „Entdeckungen“ ein (vgl. unten Anm.142). Ähnliches gilt für die zahlreichen Bearbeitungen von Springers Handbuch Band I (vgl. oben Anm. 14), die Michaelis zu seinen Hauptarbeiten zählte.

[37] Michaelis, Parth. 3–92; Grundriss des Parthenon als byzantinische Kirche *ibidem* 46. Außer Seitenzahlen, die hier zitiert werden, ist der Text nach dem Vorbild von Ausgaben antiker Schriften auch in Kapitel eingeteilt.

[38] Michaelis, Parth. 93–106; der Hauptteil *ibidem* 107–284.

[39] Michaelis, Parth. 287–317.

2. Quellen zu den Panathenäen, dem Hauptfest Athens[40]. Es ist im Fries um die Cella des Parthenon dargestellt. Schriftliche und epigraphische Quellen sind systematisch nach Themen geordnet (Nr. 1 –233).
3. „Ältere Berichte über den Parthenon bis zum Jahr 1688". Die Zusammenstellung der Zeugnisse ab Cyriacus von Ancona dient der Entlastung des Textes im historischen Teil des Buches[41].
4. Schließlich[42] „Aktenstücke über Lord Elgins Erwerbung der Bildwerke vom Parthenon." Diese Akten in englischer Sprache bedürften eines rechtsgeschichtlichen Kommentars, den ich nicht geben kann. Sie sind höchst aktuell, denn bekanntlich bemüht sich Griechenland, die Elgin Marbles zurückzuerhalten.

Michaelis unterscheidet bei den Quellen zu den Parthenon-Skulpturen erhaltene Originale (die Elgin Marbles in London, anderes vor allem in Athen), alte Gipsabgüsse von inzwischen beschädigten Stücken und Zeichnungen. Von letzteren sind die dem französischen Maler Jacques Carrey zugeschriebenen die weitaus wichtigsten (Abb. 4–5). Ohne sie wären uns z. B. die mittleren Südmetopen oder die Komposition des Westgiebels unbekannt. Die Zeichnungen entstanden 1674 für den Marquis de Nointel, „den mächtigen und glänzenden Botschafter Ludwigs XIV" in Konstantinopel[43]. Sie umfassen Metopen, Fries und Giebel des Parthenon dreizehn Jahre vor der Katastrophe von 1687. Damals diente die Akropolis den Osmanen als Festung, und die belagernden Venezianer zielten mit ihren Kanonen auf die im Parthenon aufbewahrte Munition. Das führte zu einer gewaltigen Explosion, die den Bau in Trümmer legte und zu einem Brand führte, der wegen Wassermangels lange wütete. Nachrichten davon durchliefen damals Europa, wie man bei Michaelis nachlesen kann[44]. Aber wie es mit Horrormeldungen auch heute geht, sie schwinden, durch andere Ereignisse überlagert, aus dem Bewusstsein. – Am 26. September 1987, zum 300. Gedenktag, wurde in Athen eine Ausstellung „Die Explosion des Parthenon" eröffnet. Eine wichtige Quelle dafür war das Werk von Michaelis. 1990 wurde diese Ausstellung auch in Berlin gezeigt[45].

Die Carrey-Zeichnungen (Abb. 4–5) lagen lange wenig bekannt in französischem Privatbesitz. Am Beginn des 19 Jhs. wurden sie als wichtige Zeugnisse wiederentdeckt. Der bedeutende französische Archäologe M. Quatremère de Quincy[46] wirkte

[40] Michaelis, Parth. 318–333; zum Cellafries *ibidem* 203–265 (immer noch hilfreich für Neils 2001); Die Behandlung der Panathenäen durch A. Mommsen, Heortologie (Leipzig 1864) 116–205 wird von Michaelis vielfach verwendet. Andererseits bezieht sich L. Deubner, Attische Feste (Berlin 1932) 23–35 dabei mehrmals auf Michaelis. Dieser hat Parth. 27 ff. bereits dargelegt, dass der Parthenon „kein Kulttempel" war. Ein Hinweis auf Michaelis fehlt leider in DNP 9 (2000) 366–370 *s.v.* Parthenon (Ch. Höcker), doch wird das „tempelförmige Bauwerk" dort ähnlich gedeutet.

[41] Michaelis, Parth. 348 –357.

[42] Michaelis, Parth. 334–347. vgl. J. Rothenberg, The Acquisition of the Elgin Marbles, the Years 1799–1806. In: Bruno 1974, 128–170; Neils 2001, 239 ff.

[43] Michaelis, Parth. 59.

[44] Michaelis, Parth. 63.

[45] Die deutsche Fassung (Antikenmuseum Berlin) erschien 1990.

[46] Vgl. Michaelis, Parth. 86 : „Er hatte zuerst die carreyschen Zeichnungen für die Bestimmung der Giebelfelder benutzt"; vgl. *ibidem* 169.

dabei mit, dass sie in die Pariser Nationalbibliothek gelangten[47]. Für Michaelis und noch für die heutige Forschung bilden sie die Grundlage für die Registrierung der Parthenon-Skulpturen: des rund 160 m langen Frieses, der beiden über 28 m langen Giebel und der 92 Metopen. Von diesen saßen jeweils 32 an den Langseiten im Norden und im Süden sowie jeweils 14 an den Giebelseiten. Die Michaelis-Zählung blieb bis in die neueste Literatur in Gebrauch. Sie beginnt jeweils links an jeder Seite. Dabei sind für Metopen und Fries Zahlen, für die Giebelskulpturen das Alphabet verwendet. Wir werden im folgenden nur bei den Giebeln länger verweilen. An ihrem Beispiel soll gezeigt werden, wie das Werk von Michaelis noch auf die neueste Forschung einwirkt.

Der Ostgiebel (Abb. 4,1 und 2) war in seinem Zentrum schon in frühchristlicher Zeit, als man den Parthenon in eine Kirche verwandelte, zerstört worden. So gibt es dort nur die Figuren A bis P. Im Westgiebel dagegen (Abb. 5,1 und 2) konnte Michaelis dank der Carrey-Zeichnungen die Figuren A bis W registrieren. Das wurde in umfassenden Arbeiten zum Parthenon wie auch in Aufsätzen über einzelne Probleme jeweils beibehalten[48]. Die wenigen Änderungen, die sich durch die seitherige Forschung ergaben, wurden dem von Michaelis erstellten System angepasst. So bezeichnet er die Pferde des Zweigespanns links vom Zentrum des Westgiebels mit J und K. Von den Pferden des rechten Zweigespanns[49] wusste er nichts, da sie schon in der Zeichnung von 1674 fehlen (Abb. 5,2). Sie haben daher keine Buchstaben erhalten. In einem Fall wies Michaelis eine Figur aus dem Westgiebel dem Ostgiebel zu. Es handelt sich um die als Torso überlieferte Götterbotin Iris[50]. Sie ist identisch mit der Figur N in der Carrey-Zeichnung des Westgiebels. (Abb. 5,2). Damit sind schon die wichtigsten Änderungen angeführt. Die klare Zählung von Michaelis erleichtert bis heute die Arbeit an dem großen Komplex der Parthenon-Skulpturen.

Auch in Bezug auf den Inhalt hat er unter den damaligen Deutungen einen in die Zukunft weisenden Weg beschritten. Durch Pausanias (1, 24, 5) kennen wir die Themen der beiden Giebel, wenn sie auch in seinem Griechenlandführer nicht näher beschrieben sind. Im Osten war die Geburt der Athena, der Inhaberin des Tempels, dargestellt, im Westen der Streit der Göttin mit Poseidon um den Besitz von Attika. Diese beiden Ereignisse nahmen sicher die Mitte ein, aber die im Zentrum 3 1/2 m hohen Giebel waren bis in die Ecken figürlich gefüllt. Die Pferde mitgezählt, waren es jeweils rund zwei Dutzend Figuren im Osten wie im Westen. In der schon durch die byzantinische Kirche zerstörten Mitte des Ostgiebels war ohne Zweifel Zeus zu sehen[51]. Von ihm ging Athena aus, die Tochter, die er nach dem Mythos aus sei-

[47] Sie erhielten eine Publikation durch T. Bowie / D. Thimme, The Carrey Drawings of the Parthenon Sculpture (Bloomington, Ind.1971).

[48] So in den Parthenon-Arbeiten von Berger, Brommer, Bruno, Cosmopoulos, Harrison, Palagia und vielen anderen bis heute.

[49] Brommer, Giebel 44 Taf. 107–110.

[50] Brommer, Giebel 45–47 Taf. 111–113. Die Figur befindet sich im Akropolis-Museum. Kossatz-Deissmann 1990, 751 Nr. 104 Taf. 495.

[51] Michaelis, Parth.169–171 mit Kritik früherer Rekonstruktionen der Mittelgruppe. Sein Vorschlag, Athena habe im Zentrum gestanden, wurde von A. Furtwängler (1896) übernommen; vgl. Cosmopoulos 2004,126 Abb. 5.19 (G. Mostratos); *ibidem* eine große Zahl anderer Rekonstruktionen. Der frontal stehende Zeus (Abb. 5. 16 und 5. 22) ist aus ikonographischen Gründen wenig wahrscheinlich;

nem Kopf geboren hatte. Phidias, der als Hauptschöpfer der Parthenon-Skulpturen überliefet ist, stellte hier ein altes Thema der griechischen Bildkunst dar[52]. Für den Streit zwischen Poseidon und Athena im Westgiebel dagegen sind uns keine früheren bildlichen Zeugnisse erhalten[53].

In der linken Ecke des Ostgiebels (Abb. 4,1), also im Südosten, sind Fragmente eines aus Wellen auftauchenden Lenkers mit seinem Viergespann erhalten (Abb. 6,1). Zwei Pferdeköpfe davon kamen mit den Elgin Marbles nach London. Die beiden anderen beschreibt Michaelis als noch im Giebel befindlich[54]. Er bezeichnet Figur A bis heute zu Recht als eine der wenigen sicher benennbaren Gestalten des Ostgiebels. Sie hieß schon lange vor ihm Helios, wie aus seiner Liste der Deutungen hervorgeht[55]. Entsprechend wurde das sinkende Viergespann in der rechten Giebelecke, im Nordosten, mit der Nacht oder mit der Mondgöttin in Verbindung gebracht (Abb. 4,2. 7,2). Die Lenkerin, die bereits Carrey nicht mehr gesehen hat, wurde 1840 an der Ostseite des Parthenon ausgegraben [56]. Michaelis nennt sie, wie die meisten heutigen Interpreten, Selene. Doch ist Nyx aus verschiedenen Gründen der weitaus bessere Name für sie[57].

So viele frühere Bilder es von der Geburt der Athena gibt – die Rahmung durch Himmelserscheinungen begegnet am Parthenon zum ersten Mal. Sie hängt mit der Vorliebe des entwerfenden Künstlers für Astrales zusammen, die für Phidias auch

vgl. Berger, Ostgiebel 48 ff. Ich möchte an meiner Rekonstruktion mit Athena, die von der Rechten des frontal und zentral thronenden Zeus ausgeht, festhalten (Abb. 7,1) Argumentation dazu: Simon 1986/98, 81–98 Abb. 8.11 und hier S. 115. Die Neugeborene eilt vom Olymp nach der linken Giebelhälfte, wo die Eleusinierinnen sitzen.

[52] Zu Darstellungen der Athenageburt: LIMC II (1984) 985–990 *s. v.* Athena Taf. 742–746 (P. Demargne). Seit früharchaischer Zeit thront Zeus bei diesem Ereignis.

[53] Zum Streit um das attische Land: LIMC VII (1994) 473 f. *s. v.* Poseidon Taf. 374 f. (E. Simon); Pollitt 2000; Fehr 2004; Drougou 2004; Tiverios 2005.

[54] Michaelis, Parth. 173 zu Nr. 9.

[55] Michaelis, Parth. 165.

[56] Brommer, Giebel 22 f. Taf. 52–56.

[57] Vgl. Simon 1986/98, 89 f. Abb. 8.8, mit Argumenten für Nyx anstelle von Selene, wie sie bei Michaelis und später (auch bei Ehrhardt 2004) meist genannt wird. Kenner wie Schauenburg 1962, 53 Anm. 31 und Karusu 1984, 915 Nr. 65 (mit der Berufung auf E. Buschor) neigen überzeugend der Deutung auf Nyx zu. Sie und nicht Selene ist in den homerischen Epen das Pendant zu Helios. Die sichere Selene in Nordmetope 29 (Abb. 8,2) ist nicht Wagenlenkerin sondern Reiterin. Sie ritt auch an der Basis des Zeus in Olympia (Pausanias 5, 11, 8) und an der Parthenos-Basis (Ehrhardt 2004, 9 Abb. 4). Ähnliches gilt für die rf. Malerei (Karusu 1984, 910 f. Nr. 18–29). Dagegen ist Nyx als Lenkerin eines Viergespanns durch Beischrift auf einer sf. Lekythos gesichert (Schauenburg 1962, 51 Anm. 11; Ehrhardt 2004, 21 Abb. 14). Sie trägt über dem Kopf den Vollmond wie die Lenkerin eines geflügelten Zweigespanns im Innenbild der Berliner Gigantomachie-Schale des Brygosmalers (Ehrhardt 2004, 24 Abb. 17). Diese wird zwar für Selene gehalten (z. B. Karusu 1984, 912 Nr. 39), aber über ihren Schultern erscheinen Sterne, die für Nyx sprechen. Nun hatte Zeus am Beginn des Gigantenkampfes der Eos, der Selene und dem Helios das Scheinen verboten (Apollod., bibl. 1, 6, 1). Es herrschte also totale Nacht, die der Brygosmaler in seinem Tondo andeutet. Nyx ist auch die beherrschende Gestalt im Nordfries des Pergamonaltars Lullies/Hirmer 1979 Taf. 268.

sonst bezeugt ist.[58] Jahn und ihm nachfolgend Michaelis nahmen an[59], Phidias habe die Gestirne „in ungestörter Ruhe ihre ewigen Bahnen verfolgen lassen". Eine solche allegorische Deutung hat heute „wieder Konjunktur", wie Wolfgang Ehrhardt vor kurzem seinen Aufsatz über das „Gestirngötterpaar am Parthenon" begann[60]. Er baut die Deutungen von Jahn und Michaelis durch eine ganze Reihe subtiler Beobachtungen weiter aus. Es tut mir leid, dass ich dennoch zum Teil widersprechen muss.

Zunächst handelt es sich nicht überall am Parthenon um das Paar Helios und Selene, wie Ehrhardt annimmt. Zwar zeigt die Nordmetope 29 (Abb. 8,2) sicher die untergehende Reiterin Selene, da sogar die Mondsichel erhalten ist [61]. Aber Nord 1 (Abb. 8,1) stellt auf keinen Fall den aufgehenden Helios dar, die lenkende Figur ist weiblich[62]. Michaelis erkannte als allgemeines Thema der langen Reihe der Nordmetopen (Abb. 9,2) bereits überzeugend die Zerstörung Trojas, wobei er Nord 1 und 29 ungedeutet ließ[63]. Nun ereignete sich die Iliupersis nach allen Quellen bei Nacht, weshalb die aufsteigende Gestalt in Nord 1 (Abb. 8,1) als Nachtgöttin zu deuten ist, deren Bereich sich bis zum Verschwinden des Mondes auf Nord 29 (Abb. 8,2) erstreckt. Hingewiesen sei nur auf die berühmte Schilderung vom Beginn der Katastrophe Trojas im zweiten Buch der Aeneis (250 ff.):

… ruit Oceano nox
Involvens umbra magna terramque polumque
Myrmidonumque dolos …

„Die Nacht brach aus dem Oceanus auf und umhüllte mit großem Schatten die Erde, den Himmel und die List der Myrmidonen (Achäer)." Das klingt, als habe Vergil Nord 1 und die folgenden Metopen gekannt. Er steht jedoch wie diese in einer alten, vom archaischen Epos herkommenden Tradition. Seit Homer dient das Erscheinen von Tag und Nacht zur Gliederung des epischen Stoffes. In Ilias (z. B. 7, 421 ff.) und Odyssee (z. B. 3,1 ff.) erhebt sich Helios öfter aus dem Okeanos oder versinkt darin und die Nacht steigt auf (z. B. Ilias 8, 485 ff. in der Übersetzung von Roland Hampe):

In den Okeanos sank das strahlende Leuchten der Sonne,
Und die schwarze Nacht zog über die fruchtbaren Fluren.
Unerwünscht sank für die Troer das Licht, jedoch den Achäern
Brach nun ersehnt und dreimal erfleht die finstere Nacht an.

Es handelt sich hier nicht um die Iliupersis, sondern um ein anderes nächtliches Unternehmen der Achäer gegen Ilion. Dessen letzte Schicksalsnacht deuten die

[58] So an den Basen der Parthenos und des Zeus (vorige Anm.). Dabei handelt es sich jeweils, wie am Ostgiebel, um ‚Geburten'; dazu unten Anm. 71 ff.

[59] Michaelis, Parth. 167 f.

[60] Ehrhardt 2004, 10–12.

[61] Brommer, Metopen 55 f. Taf. 123–126; Berger, Metopen 45 f. Taf. 28–30; Ehrhardt 2004, 8 Abb. 3. und 12. Abb. 6.

[62] Brommer, Metopen 39–41 Taf. 87–89; Berger, Metopen 19 Taf. 4–7. Ehrhardt 2004, 8 Abb. 2 und 11 f. Abb. 5, mit unzutreffender Deutung als Helios. Es handelt sich um die anbrechende Nacht: Simon 1975, 109 ff.

[63] Michaelis, Parth. 137–142.

herankommende Nyx und die versinkende Selene in den Nordmetopen 1 und 29 an (Abb. 8,1 und 2)[64]. Sie sind ursächlich mit dem Geschehen dazwischen verbunden und tragen wie im Epos zur zeitlichen Definition bei.

Was die Himmelserscheinungen in Südost- und Nordostecke des Giebels betrifft, so nahm Michaelis freilich an[65], Phidias habe sich mit Bedacht „von der Poesie entfernt". Er zitiert den 28. Homerischen Hymnos, dessen Thema die Geburt der Athena ist, wobei „Himmel Erde und Meer in Aufregung gerathen". Diese Erregung sei im Giebel „auf den Kreis der olympischen Götter beschränkt", während die Gestirne von dem Ereignis dazwischen nicht betroffen seien. Im Hymnos erstaunt nämlich der Sonnengott über die neugeborene Athena und bringt sein Gespann zum Stehen (12 ff.). Die Auffassung von Michaelis, Phidias habe sich hier „von der Poesie entfernt", hatte eine starke Nachwirkung. Man vergleiche etwa Buschors Beschreibung des Heliosgespanns[66], „das, Morgenluft witternd, feurig aus dem Okeanos heraufbraust". Betrachtet man aber die beiden Pferdeköpfe, die mit den Elgin Marbles nach London kamen (Abb. 6,1), so wird klar, dass sich ihre Hälse ruckartig nach hinten bewegen. Helios lässt also nicht (die aus Bronze eingesetzten[67]) Zügel schießen, sondern er hält seine Tiere an. Wahrscheinlich darf man sogar so interpretieren: Die Pferde erblicken wie ihr „allsehender" Lenker das Wunder der Athenageburt und scheuen[68].

Seltsamerweise wurde von Michaelis bis heute eine Beobachtung des Pferdekenners und -forschers Goethe am vorderen Kopf des Gespanns in der rechten Ostgiebelecke (Abb.7,2.) nicht beachtet. Der Dichter bemerkt zu diesem, seinem „Urpferd", von dem er seit 1819 einen Gipsabguss besaß, das folgende[69]: „Die Ohren zurückgelegt, den Mund geöffnet, scheint es stürmisch vorwärts zu dringen aber mit Macht angehalten zu werden." Die Nachtgöttin zügelt also ihr Gespann wie Helios das seine. Sie muss dabei nicht auf den Sonnengott blicken, sie fühlt ihn, denn Licht und Dunkel bedingen einander. Die Pferde der Nyx dürften ursprünglich

[64] Die rechts anschließenden Metopen (Nord 30–32; Brommer, Metopen Taf. 127–138; Berger, Metopen 46 ff. Taf. 31–36) wurden von Simon 1975, 110 f. angeregt durch C. Praschniker (Parthenonstudien 1928, 141) aitiologisch gedeutet, nämlich als Beratung des Zeus (auf Nord 31) mit Themis (zusammen mit Athena auf Nord 32, hier Abb. 9,1). Auf jene *Diòs boulé* wird am Beginn der Ilias und in den kyklischen Epen angespielt. – Zu Themis im trojanischen Sagenkreis Karanastassi 1997, 1202 f. Nr. 17–22 und 27. Nicht erwähnt ist dort die ‚Kertscher' Pelike in St. Petersburg (FR Taf. 69), die wohl von den Nordmetopen inspiriert ist; vgl. E. Konstantinou (Hrsg.) Ägäis und Europa (2005) 136 f. Abb. 2 (E. Simon).

[65] Michaelis, Parth. 167 f.

[66] Zitiert bei Brommer, Giebel 6.

[67] Michaelis, Parth. hat mehrmals (vgl. 225 ff.) beobachtet, dass die Zügel der Pferde am Parthenon und andere Zutaten, etwa Kränze, aus Bronze bestanden.

[68] Nach der Überlieferung im Epos und anderenorts sieht und hört Helios alles, weshalb er oft als Zeuge fungiert; vgl. LIMC V (1990) Addenda 1006 *s. v.* Helios (N. Yalouris) und unten Anm. 73. Die Gefährten des Odysseus, die sich darüber hinwegsetzten, werden im Prooemium der Odyssee (1, 8) als Toren bezeichnet.

[69] E. Grumach, Goethe und die Antike II (Potsdam 1949) 508 (aus dem Jahr 1820) – In der Parthenon-Forschung (z. B. Brommer, Giebel 24) pflegt nur Goethes spätere Bemerkung, in der er vom Urpferd spricht, zitiert zu werden (Tagebücher 26. 5. 1823 = Grumach *ibidem* 510). – Zum Erwerb des Gipasabgusses des „Urpferds": Grumach *ibidem* 506.

schwarz bemalt gewesen sein im Gegensatz zu denen des Helios. Michaelis hat in seinem Werk öfter auf farbige Fassungen hingewiesen[70]. Das Schimmelgespann und sein Lenker reagieren also direkt, das Rappengespann und seine Lenkerin indirekt auf das erste Erscheinen der Athena. Die beiden Ecken des Ostgiebels waren über 28 m hinweg aufeinander und auf das Geschehen im Zentrum bezogen. Phidias hat das Problem der Bildkomposition in einem so langen, schwierigen Dreiecksrahmen genial gelöst, wobei der 28. Hymnos und die homerische Dichtung überhaupt, wie oben dargelegt, einbezogen waren.

Darüber hinaus beziehen sich Sonnenaufgang und Schwinden der Nacht im Ostgiebel wie an den Basen der Parthenos und des Zeus auf das ‚Zurweltkommen' der jeweiligen Hauptperson am Morgen[71]. Es galt als besonders glücklich, nicht nur im Glauben der Griechen, denn für die Geburt des Buddha oder die des Augustus ist ebenfalls die Morgenfrühe überliefert[72]. Und Hesiod lässt in seiner Theogonie (450 f.) die Göttin Hekate alle schützen, die wie sie im Frühlicht geboren sind. Der aufgehende Helios im Ostgiebel des Parthenon (Abb. 6,1) deutet demnach nicht einfach den Lauf der Zeit an, sondern den Morgen als Zeit der Athenageburt, für die der Allsehende zugleich Zeuge ist[73]. Michaelis sieht Helios aus dem Okeanos aufsteigen, aber sein Gegenbild nicht darin versinken[74]. Nun war Okeanos in der Antike der Ringstrom, der die damals bekannte Erde umgab[75]. Deshalb ist er im Ostgiebel nicht nur in der südöstlichen, sondern auch in der nordöstlichen Ecke anzunehmen.

Andere Figuren des Ostgiebels können hier nur kurz erwähnt werden, so der im Freien lagernde junge Mann D, der sich beim Aufgang des Helios erhebt (Abb. 4,1 und 10). Michaelis nennt ihn, wenn auch mit einem Fragezeichen, Dionysos, und diese Deutung wurde seither meist zu Recht übernommen[76]. Phidias hat hier

[70] Michaelis, Parth. 226 f.

[71] Es handelt sich um Pandora an der Basis der Parthenos und um Aphrodite an der Basis des Zeus (oben Anm. 58).

[72] Vgl. E. Simon, AM 100, 1985, 278 f.

[73] Helios als Zeuge: oben Anm. 68; neben Flussgöttern: Weiss 136 und öfter. Sie sieht die Zeugenfunktion des Helios und der Flüsse zu Recht in beiden Giebeln.

[74] Michaelis, Parth. 167: „Selene auf der anderen Seite versinkt in Nacht und Nebel," dagegen steige Helios aus dem Meere auf, an dem der Berg Olympos liege. Michaelis verweist auf Thetis, die vom Götterberg ins Meer springt (Ilias 1, 532). Helios kommt aber nicht einfach aus dem Meer, sondern aus dem Okeanos. Aus ihm taucht nach antiker Vorstellung auch die Nacht auf und versinkt darin, denn Okeanos befand sich als Ringstrom im Osten wie im Westen; vgl. folgende Anm.

[75] Wie aus dem Beginn des Werkes von Strabon (1, 3) hervorgeht, folgte die antike Geographie dem Weltbild Homers; vgl. Stefan Radt, Strabons Geographika Band 1 Text und Übersetzung (Göttingen 2002) 5: „Die Völker im Osten und im Westen deutet er (Homer) mit der Angabe an dass sie vom Ozean bespült werden. Lässt er doch aus ihm die Sonne aufsteigen und in ihn untergehen, und ebenso die Sterne". Strabon zitiert dazu Homer, Ilias 7, 421 f., Odyssee 19, 433 f. und andere epische Stellen.

[76] Vgl. Michaelis, Parth. 165 mit Liste der früheren Deutungen. Dort ist D meist Herakles oder Theseus genannt, doch wird Dionysos bzw. Bacchus schon erwähnt. Gute Aufnahmen von allen Seiten bei Brommer, Giebel 7–9. 148 ff. Taf. 26–32: „Man wird daher von der Deutung auf Dionysos nicht abzugehen brauchen" (*ibidem* 150). Für Dionysos entscheiden sich z. B. Berger, Ostgiebel 36 ff.; E. Pochmarski in E. Berger (Hrsg.) Parthenon-Kongress Basel (Mainz 1984) 278–280; Lullies/Hirmer 1979. Taf. 150 f.; Fuchs 1983, 311; Simon, 1986/98, 85 Anm. 25.

ein revolutionäres Bild des Gottes gewagt, das mächtig auf die folgende Kunst einwirkte. Der vorher bärtig dargestellte Dionysos konnte von nun an auch als bartloser junger Mann erscheinen. Ein Grund dafür dürfte – neben dem Jüngling Dionysos im 7. Homerischen Hymnos – die damals besonders stark empfundene Nähe zwischen Dionysos und Apollon gewesen sein[77].

Bei Michaeils heißen die beiden hinter Dionysos auf Truhen sitzenden Göttinnen E und F (Abb. 4,1 und 11) Persephone und Demeter, wieder mit Fragezeichen[78]. Auch dieses wurde seither meist weggelassen und zwar wieder zu Recht, wenn auch die eine Göttin besser einfach Kore genannt werden sollte. Sie ist nämlich noch nicht Persephone, die mit Hades vermählte Herrin der Unterwelt. Dazu wurde sie durch den Raub auf der Wiese am Okeanos, auf der Kore mit göttlichen Freundinnen Blumen pflückte. Unter ihnen war Pallas Athena[79], wie die aus dem Hades zurückgekehrte Persephone im Homerischen Hymnos (2, 424) ihrer Mutter berichtet. Im Giebel aber wird Athena soeben geboren, kann also noch nicht mit Kore gespielt haben. Diese ist noch unvermählt, wie für den antiken Betrachter auch an der Aussteuer-Truhe zu erkennen war, auf der sie sitzt (vgl. Abb. 16) [80]. Es sind sogar zwei Truhen, denn die Mutter leistet ihr Gesellschaft – also eine reiche Mitgift. Die auf die Sitzenden zueilende Peplosfigur G halte ich nicht mit Michaelis für Iris, sondern für Hekate[81]. Die ebenfalls im Frühlicht Geborene, die eng mit den Eleusinierinnen verbunden war, bringt ihnen frohe Botschaft vom Olymp. Bald wird auch Athena in Eleusis eintreffen und sich mit Kore nah befreunden.

[77] Zur gegenseitigen Angleichung von Apollon und Dionysos ab der Klassik: E. Simon in G. Capecchi / O. Paoletti u. a. (Hrsg) *In memoria di Enrico Paribeni* II (Rom 1998) 451–460. – Zu den beiden Göttern auf der Hydria in Pella: Drougou 2004, 20 und 29 (beste Abb.); Tiverios 2005, 393 f. Abb. 1–10. Dionysos ist dort der Verbündete Athenas im Kampf um Attika wie auf der Reliefhydria in St. Petersburg (*ibidem* Abb. 11). – In diesem Zusammenhang ist ikonographisch interessant, dass Fehr 2004, 141 f. Figur D als Apollon deutet.

[78] Michaelis, Parth. 165. Aus seiner Liste geht hervor, dass Persephone und Demeter (oder Ceres) schon früher vorgeschlagen wurden. Zum Problem der ersteren bei der Athenageburt: Brommer, Giebel 150 ff., der fragend bei E und F an Horen denkt. Das Problem besteht nicht, denn Kore ist im Ostgiebel noch nicht mit Hades vermählt zu denken. – Argumente für die Eleusinierinnen z. B. bei Berger, Ostgiebel 36 ff.; LIMC IV (1988) Addenda s. v. Demeter 882 f. Nr. 463 (L. Beschi). – Der Cellafries, in dem Kore neben Demeter fehlt (Fuchs 1983, 436 Abb. 498; Neils 2001, 107 Abb. 77), läßt sich nicht als Argument verwenden. Der Fries zeigt gegenüber den (mythischen) Ereignissen in den Giebeln die (kultischen) Zwölfgötter Athens, zu denen Demeter aber nicht ihre Tochter gehörte.

[79] Dieses Argument mag für manche spitzfindig klingen, es entspricht jedoch der Logik einer polytheistischen Religion, deren Götter nicht (wie im Monotheismus) von ewig her existieren. Die Blumenpflückerinnen Kore und Athena (dazu Artemis) waren in Athen nicht nur durch den Homerischen Demeter-Hymnos bekannt. Der Chor der 412 v. Chr. aufgeführten „Helena“ des Euripides singt davon, daß Athena dabei bewaffnet Kore vor dem Räuber Hades schützen wollte (1315 ff.).In späteren bildlichen Darstellungen wurde die den Hades verfolgende Athena kanonisch: R. Lindner, Der Raub der Persephone in der antiken Kunst (Würzburg 1984) 32 ff. Sie erscheint auch im Giebel von Eleusis, der vom Westgiebel figürlich beeinflusst ist; *ibidem* Taf. 32; Lindner 1982, 382 Abb. 55.

[80] Als Beispiel von vielen sei die auf einer Truhe als Braut sitzende Hesione auf einem faliskischen Kelchkrater in Washington, Catholic University of America, genannt (hier Abb. 16): WüJbb Band 28 a (2004) 24 f. Abb. 4 (E. Simon). Berger, Ostgiebel 37 f. weist eckige Truhen im Zusammenhang mit Kore nach, z. B. auf lokrischen Tontafeln. Aber sie sitzt dort nicht darauf.

In der hier vorgeschlagenen Rekonstruktion des Ostgiebels (Abb. 7,1) geht Athena von der Rechten ihres Vaters aus. Wohin begab sich die Neugeborene, die vom Olymp herabstürmte? Sicher nach ihrer Lieblingslandschaft Attika. Verlorene Gottheiten der linken Giebelhälfte dürften darauf verwiesen haben, ebenso der erhaltene Dionysos (Abb. 4,1 und 10) einer der Hauptgötter Athens. Kore und Demeter neben ihm (Abb. 4,1 und 11) repräsentieren das für die Stadt überaus wichtige Heiligtum von Eleusis. Bei der Interpretation des Westgiebels wird sich zeigen, dass der ‚eleusinische Krieg' zum Streit zwischen Athena und Poseidon gehörte (Anm. 113). Ihn entschied der Blitz des Zeus. Der oberste Gott war im Ostgiebel persönlich, im Westgiebel durch sein Attribut im Zentrum gegenwärtig. Die beiden Giebel hängen inhaltlich zusammen. Erwähnt sei hier nur noch, dass Dionysos, der Nachbar der Eleusinierinnen im Ostgiebel, nach dem Glauben der Athener auch ein wichtiger Verbündeter ihrer Göttin beim Kampf um Attika war (Anm. 77).

Für die weiblichen Figuren K–M auf der rechten Seite (Abb. 4,2 und 6,2) hat Michaelis ebenfalls Namen mit Fragezcichen[82], die aber im Gegensatz zur Deutung von D–F heute kaum mehr fortleben. Aus seiner Liste geht hervor, dass man im frühen 19. Jh. hier an die Moiren oder an die Kekropstöchter, die sogenannten Tauschwestern, dachte. Im 20. Jh. hat sich für die Liegende M zu Recht der Name Aphrodite durchgesetzt[83]. Diese Deutung wurde zwar kürzlich durch Burkhard Fehr bezweifelt[84]. Dabei ist eines seiner Argumente, die liegende Venus sei eine Schöpfung der Renaissance. Aber wer wollte dem Phidias, der nicht selten mit Michelangelo verglichen wird, geniale Erfindungen absprechen? Man denke an das oben zu dem liegenden Dionysos Gesagte. Dieser ist im Ostgiebel das Gegenbild zu M. Wie Dionysos durch die Reaktion des Helios, so erfährt Aphrodite durch das auf den Sonnengott bezogene Verhalten der Nachtgöttin, dass etwas Ungewöhnliches geschehen ist.

Die eng mit Aphrodite verbundene Gestalt L (Abb. 4,2 und 6,2) wurde nach verschiedenen anderen Vorschlägen – Dione, Peitho.Themis – von E. Berger und anderen für Artemis gehalten[85], weil diese Göttin im Cellafries darunter ihren Arm mit dem der Aphrodite vereint. Aber wie die eleusinischen Göttinnen E und F, so müssen auch L und M nicht mit den Zwölfgöttern des Frieses übereinstimmen. Obwohl ich früher für Artemis plädierte, scheint mir heute die Deutung von Eve

[81] Zu Figur G als Hekate: Brommer, Giebel 153 f.; E. Simon, AM 100, 1985, 178 f. und 282. Am linken Oberschenkel von G ist eine Vorrichtung erhalten, die wohl auf das Befestigen einer Fackel weist. Durch die Hekate-Deutung wird nach Beschi (oben Anm.78) die auf Demeter und Kore gestärkt, mit denen Hekate *variamente collegata* war.

[82] Michaelis, Parth. 165; Beschreibung *ibidem* 176 f.

[83] Brommer. Giebel 17–21.155 157 Taf. 45–51; Liste der Deutungen *ibidem* 155 Anm. 51; Berger, Ostgiebel 35; LIMC II (1984) 132 *s. v.* Aphrodite Nr. 1393 (A. Delivorrias); Lullies/Hirmer 1979 Taf. 153.

[84] Fehr 2004, 128 ff. Seine Bemerkung, dass L und M meist von einem zu hohen Blickwinkel aufgenommen werden, ist richtig. Wie die Gruppe beim Blick von unten wirkte, geht nicht nur aus der Gipsaufnahme *ibidem* Abb. 5, sondern auch aus der Carrey-Zeichnung hervor.

[85] Das entscheidende Fragment wurde von G. Despinis entdeckt in Kernos, FS Georgios Bakalakis (1972) 35 ff., der es in Parthenoneia (Athen 1982) 6 f. Taf. 6 weiter behandelte; vgl. Berger, Ostgiebel 41 f.; Berger/Gisler, Fries 163 Taf. 136.

Harrison auf Themis vorzuziehen zu sein[86]. Der Körper der Sitzenden ist für Artemis zu matronal. Dagegen war Themis Mutter der Horen, der Moiren und der urattischen Nymphen am Eridanos, denen wir in der rechten Hälfte des Westgiebels begegnen werden (Anm. 117). Vater all dieser Töchter war Zeus. Dichter wie Aischylos und bildende Künstler identifizierten Themis mit der Erdmutter Ge. Nach dem 28. Homerischen Hymnus reagierten Erde und Meer heftig auf die Geburt der Athena (10 ff.). Die plötzliche Bewegung der Figur L, die beide Füße vor dem Anschwellen des Meeres zurückzieht, zeigt den Einfluss des Hymnos. Die auf Felsen sitzende Göttin Themis tritt wahrscheinlich am Parthenon ein zweites Mal auf, in Metope Nord 32 bei der Beratung mit Zeus über den trojanischen Krieg (Abb. 9,1 vgl. Anm. 64). Die thematische Verbindung zwischen Giebeln und Metopen bedürfte einer eigenen Untersuchung[87].

Im Zentrum des Giebels an der Westseite (Abb. 12) treten die beiden um Attika streitenden Gottheiten auf, links Athena, rechts Poseidon (Abb. 5,1). Von den Zweigespannen kannte Michaelis, wie erwähnt, nur das linke (J und K), von dem ein Teil des einen Pferdekopfes zwei Generationen später in den Magazinen des Vatikan entdeckt wurde (Abb. 15,1)[88]. Am Wagen des Poseidon stellte er sich Meerwesen vor; es waren aber ebenfalls Pferde. Aus der Ilias und von archaischen Darstellungen wissen wir, dass homerische Helden mit Kriegswagen zur Schlacht fuhren, dort abstiegen und zu Fuß kämpften. So sind auch die beiden Protagonisten hier von ihren Wagen abgesprungen, um die Waffen gegeneinander zu erheben. Im gleichen Moment weichen sie jedoch zurück, fahren V-förmig auseinander (Abb. 5,1). Weshalb? Michaelis nahm wie die meisten Gelehrten des folgenden Jahrhunderts an, Poseidon erschrecke über den Ölbaum, den Athena soeben wachsen lasse. Nach späteren Interpretationen erschrickt auch Athena, die bei Michaelis noch siegreich triumphiert, über den von Poseidon gerade geschaffenen Salzquell.

Befragt man jedoch die schriftliche Überlieferung zu jenem Götterzwist [89], so wird klar, dass Ölbaum und Quelle nicht in diesem Augenblick entstehen, sondern längst vorhanden sind. Der Streit zwischen Athena und Poseidon währte lange Zeit, gliederte sich in mehrere Phasen. Die Göttin hatte mit der Olivenzucht, Poseidon mit dem Salzquell um den Besitz von Attika geworben. Ein göttliches Schiedsgericht, zum Teil auch mit Beteiligung des Kekrops, hatte Athena das Land zugespro-

[86] E. B. Harrison in FS F. Brommer (Mainz 1977) 155–161; Robertson 1981, 97 f. Karanastassi 1997,1203 Nr. 26; *ibidem* 1199 ff. allgemein zur Göttin Themis; vgl. auch RE V A 2 (1934) 1626–1630 *s.v.* Themis (K. Latte); zu Themis-Ge: Karanastassi *ibidem* 1203 Nr. 25.

[87] Berger, Ostgiebel *passim* hat hier Vorarbeit geleistet. Die thematischen Verbindungen erinnern an den Zusammenhang zwischen den Metopen und dem Schildschmuck der Athena Parthenos. – Zu dieser: Michaelis, Parth. 266–284; zum Schild *ibidem* 268 ff. Er trug an der Außenseite eine Amazonomachie, die auch das von Michaelis erkannte Thema der Westmetopen war (*ibidem* 148 ff.) Im Innern zeigte der Schild eine Gigantomachie (vgl. Schauenburg 1962, 55–57), auch Thema der Ostmetopen (Michaelis, Parth. 142 ff.); vgl. Lullies / Hirmer 1979, 86 f. zu Taf. 158 f.

[88] Hermine Speier, Fragment eines Pferdekopfes aus dem Westgiebel des Parthenon. In: R. Herbig (Hrsg.) Vermächtnis der antiken Kunst (Heidelberg 1950) 103–116 Abb. 25–29; Brommer, Giebel 38.

[89] Quellensammlung und Kommentar: Simon 1980 / 98, 99 ff. Eine der ersten positiven Reaktionen darauf findet sich bei Robertson 1981, 95 mit Anm. 13.

chen. Darüber ergrimmt wollte Poseidon Rache nehmen und die Halbinsel Attika überschwemmen. Dazu setzt er im Westgiebel an und Athena eilt zum Schutz ihres Landes herbei. In ihrer Wagenlenkerin sah Michaelis Nike, und viele nennen sie bis heute so. Aber es geht hier, wie wir sehen werden, nicht um Sieg und Triumph der einen Partei über die andere, sondern um einen friedlichen Ausgleich zwischen zwei für Attika wichtigen Gottheiten. Als Wagenlenkerin der Athena wäre daher anstelle von Nike die attische Najade Zeuxippe geeignet[90], nicht nur weil in ihrem Namen das Pferdegespann anklingt. Zeuxippe war Urpriesterin der Athena und Stammutter der Eteobutaden, in deren Geschlecht das Priesteramt für Athena Polias und Poseidon – auch in der Zeit der Demokratie – erblich war. Ihr Sohn Butes ist, wie wir sehen werden, in der rechten Giebelhälfte dargestellt (Abb. 5,2 Figur S).

Da Zeus im Interesse Athens den Frieden zwischen seiner Tochter und Poseidon wünscht, sendet er Hermes und Iris aus (H und N, Abb. 5,1 und 2). Hermes wurde von Michaelis zuerst richtig erkannt, während er die zum Teil erhaltene Iris dem Ostgiebel zugewiesen hatte[91]. Die beiden olympischen Boten wenden sich an die Lenkerinnen (G und O) der Gespanne, von denen O schon vor Michaelis als Poseidons Gemahlin Amphitrite erkannt worden war. Wie aber erfahren Athena (L) und Poseidon (M) den Willen des Zeus? Mein Vorschlag 1980 (mit vorangehenden Vorträgen in den späten 70er Jahren) war, einen aus Metall gebildeten Blitz zwischen ihnen zu rekonstruieren[92]. Wie am Schluss der Odyssee und in einer Reihe von bildlichen Darstellungen wäre jener Blitz des Zeus eine Mahnung zum Frieden. Dieser Hypothese wurde von vielen Seiten zugestimmt, nachdem einige Jahre später bei Grabungen im makedonischen Pella eine attische Hydria des späten 5. Jhs. v. Chr. auftauchte.(Abb. 17). Darauf beendet ein großer Blitz den Streit zwischen Athena und Poseidon[93]. Der Ausgleich gelang, wie am Schluss der Orestie des Aischylos, durch die Gründung eines Kultes. Poseidon wurde fortan auf der Akropolis neben Athena und Zeus verehrt.

Unter den Seitenfiguren des Westgiebels sieht Michaelis in A den attischen Flussgott Kephisos (Abb. 5,1 und 14) und am rechten Ende (Abb. 5,2) in dem kauernden Mann V und der lagernden weiblichen Gestalt W, den athenischen Fluss Ilisos mit der berühmten neben ihm entspringenden Quelle Kallirrhoe[94]. Michaelis hat hier unter Verwendung früherer Vorschläge Pionierarbeit geleistet, die bis in unsere Zeit

90 LIMC VIII (1997) 486 f. *s. v.* Zeuxippe Nr. 3 (E. Simon). – Ein originales Fragment von ihr: M. Wegner, AM 101, 1986, 145–152. – Tiverios 2005, 304 f. mit Anm. 47 diskutiert andere Deutungen der ungeflügelten Wagenlenkerin, die Athena auch auf Vasen begleitet

91 Vgl. oben Anm. 50; Robertson 1981, 99 Abb. 137.

92 Simon 1980/98, 106 ff. Abb. 9. 7. Diese Zeichnung wird hier nicht wiederholt, da ich mich damals für einen ‚Halbblitz‘ entschieden hatte, während auf der Hydria von Pella (Abb. 17) ein ganzer Blitz von besonderer Form erscheint. Eine neue Zeichnung wäre nötig.

93 Palagia 1993 Taf. 11; S. Drougou, AM 115, 2000, 147 ff.; Weidauer/Krauskopf 1992, 5 ff.; Drougou 2004; Tiverios 2005, 299 ff.

94 Michaelis, Parth. 180/81 (Liste).192 f. (vgl. Brommer, Giebel 30 f. 55 f f.). Den Ausschlag zur Deutung auf Flussgötter gab die Beschreibung des Ostgiebels des olympischen Zeustempels durch Pausanias (5, 10, 7); vgl. Weiss 1984, 126 ff. – Zu Kephisos: LIMC VI (1992) 11 f. *s.v.* Kephisos I (A. Mantis); *ibidem* ist unter Nr. 3 die Deutung der Figur A als unsicher bezeichnet. Die Einwände lassen sich widerlegen (vgl. Weiss 1984, 145). – Zu Ilisos und der benachbarten Quelle Kallirrhoe:

fortwirkt. So schreibt Martin Robertson zu Figur A[95]: "To doubt that this is a river-god seems to me the height of perversity." Und Carina Weiss bemerkt[96]: „Die von Poseidon hervorgerufene Überschwemmung betraf nicht nur Athen selbst, sondern das ganze attische Land. Dieses repräsentiert am besten Kephisos, der Attika von Nord nach Süd durchfließt." Wichtig ist auch ihr Hinweis auf den Mythos vom Streit zwischen Poseidon und Hera um Argos, an dem die dortigen Flussgötter teilnahmen. Die Auffassung von B. Stanley Spaeth[97], in den beiden Giebelhälften seien entweder Personifikationen von Flüssen und Landschaften oder heroische Familien dargestellt – für letztere entscheidet sie sich – trifft in dieser Ausschließlichkeit nicht zu. Man denke an den Ostgiebel von Olympia, der beides zeigt[98], und an viele andere Darstellungen der antiken Kunst.

Die Einbeziehung der Flüsse in den Streit des Poseidon um Athen und Argos überzeugt schließlich deshalb, weil Poseidon nicht nur Meeresgott, sondern auch Herr der Binnengewässer war. Bei der von ihm geplanten Überschwemmung Attikas mussten Flüsse, Bäche und Quellen mitwirken, indem sie über die Ufer traten. Im Westgiebel diskutieren llisos (V) und Kallirrhoe (W) dieses Problem heftig, wie ihre erhobenen äußeren Arme zeigen (Abb. 5,2). Auch der in der linken Giebelecke lagernde Kephisos (Abb. 5,1 und 14), ein reifer Mann, scheint sich nach seiner Haltung Sorgen zu machen. Die attischen Flüsse bangen um ihr Land.

Die Gestalten B bis F (Abb. 5,1) suchen vor der Flut des Poseidon beieinander Schutz. Das Paar B und C (vgl. Rückseite Abb. 13) – ein am Boden halb sitzender, halb kauernder bärtiger Mann und eine neben ihm kniende junge Frau, die sich noch lange im Giebel befanden – heißt bei Michaelis unzutreffend Asklepios und Hygieia [99]. Zu dieser Deutung kam er durch einen Reptilrest bei dem Bärtigen B. Eine Schlange war bekanntlich Attribut des Heilgottes. Dieser spielt jedoch bei dem Thema aus der Frühzeit Athens, das im Giebel dargestellt ist, keine Rolle. Nach neueren Forschungen gehört das Schlangenteil zu einer verlorenen Figur in der Lücke zwischen A und B, die Michaelis A* nannte[100]. Weidauer und Krauskopf dachten an den Urkönig Kekrops, dessen Unterkörper schlangenförmig gebildet war[101]. Diese Hypothese leuchtet ein. Wenn sie zutrifft, kann B nicht länger Kekrops genannt

LIMC V (1990) 649 f. *s. v.* Ilisos (R. Proskynitopoulou); LIMC V (1990) 937–939 *s. v.* Kallirrhoe II (A. Spetsieri-Choremi), die Liegende W *ibidem* Nr. 1 Taf. 604. Sie befindet sich seit 1970 im Akropolis-Museum (bei Brommer, Giebel 56 f. Taf. 129–131 noch *in situ*).

[95] A History of Greek Art (Cambride Univ. Press 1975) 300; vgl. auch Robertson 1981, 95.

[96] Weiss 1984, 149; Flussgötter beim Streit um Argos: *ibidem* 145.

[97] Spaeth 1991, 338 ff.

[98] Robertson 1981, 84 ff.; Fuchs 1983, 389 f. Abb. 431; H.-V. Herrmann (Hrsg.) Die Olympia-Skulpturen (Darmstadt 1987) 57 ff.

[99] Michaelis, Parth. 193 f.

[100] Michaelis, Parth. 180 (Liste).

[101] Weidauer / Krauskopf 1992, 1 ff. – Zur Gruppe aus Eleusis: Lindner 1982, 318 ff. – Zu Darstellungen des Kekrops: LIMC VI (1992) Addenda 1084–1091 Taf.721–723 *s. v.* Kekrops (I. Kasper-Butz / I. Krauskopf); zum Westgiebel *ibidem* 1087 Nr. 28. Die oft verwendete Bezeichnung der Figur B als Kekrops – etwa bei Brommer, Giebel 166 f.; U.Kron, Die zehn attischen Phylenheroen (Berlin 1976) 96 f.; Spaeth 1991, 346 f. – ist also keinesfalls sicher; der Name ‚Kekropsgruppe' für B und C sollte aufgegeben werden.

werden, wie er oft in Parthenon-Studien heißt. Es dürfte sich, wie Roland Hampe sah[102], um dessen Nachfolger im Königsamt, Erechtheus, handeln. Dieser hatte Praxithea zur Gemahlin, deren Vater der Flussgott Kephisos war[103]. Ihn hat Michaelis überzeugend in Figur A (Abb. 14) erkannt. Ist Figur C an der Seite von B dann Praxithea? Die weibliche Gestalt wirkt aber mädchenhaft, besonders im Vergleich mit den matronalen Formen, die bei Carrey Figur D besitzt (Abb. 5,1). Liselotte Weidauer schlug daher vor, in der knienden Gestalt D Praxithea zu erkennen. Für C bleibt dann der Name einer ihrer Töchter.

Wenn Erechtheus mit einer Tochter gruppiert ist, so dürfte der entsetzt zu Praxithea fliehende Jüngling E ein Sohn des Paares sein (Abb. 5,1). Zwar wird in ihm häufig – wegen der früheren Deutung von B – der Sohn des Kekrops, Erysichthon, gesehen[104] Dieser verstarb jedoch jung und kinderlos, konnte von den Athenern des 5. Jhs. nicht als Ahnvater gesehen werden – ein wichtiges Argument für die Interpretation der seitlichen Giebelgestalten. Deshalb hatte ich früher vorgeschlagen, den Jüngling Ion zu nennen[105]. Inzwischen wurde mir klar, dass Praxithea nicht mit ihrem Enkel, dem Stammvater der Ionier, sondern mit ihrem eigenen Sohn gruppiert sein dürfte. Er hieß Metion, wurde zum Ahnherrn des Geschlechts der Metioniden und vor allem zum Vater des Urkünstlers Daidalos[106]. Dieser Name lässt Kenner von platonischen Dialogen aufhorchen, denn Sokrates, von Beruf Steinmetz, führte sich auf Daidalos und weiter auf den Zeus-Sohn Hephaistos zurück (z. B. Platon, Alkibiades 121 a). Selbstverständlich kannte auch Phidias diese Genealogie. Bernhard Schweitzer und andere Gelehrte haben dargelegt, wie sehr sich der Künstler mit Daidalos verbunden fühlte[107]. In der linken Ecke des Westgiebels hatte er also eine genealogische Darstellung zu entwerfen, die mit dem Flussgott und Stammvater Kephisos (A) begann und sich in einer Familiengruppe (B – F) fortsetzte. Deren Hauptgestalt war für Phidias sicher der künftige Vater des Daidalos, Metion, Sohn des Erechtheus und der Praxithea und Enkel des Kephisos.

[102] Vgl. L. Weidauer, AA 1985, 204 ff.; LIMC III (1986) 293 f. *s. v.* Chthonia (E. Simon); Weidauer/Krauskopf 1992, 3 f.

[103] LIMC VII (1994) 505 f. *s. v.* Praxithea (A. Spetsieri-Choremi) Nr. 4 und 5. Es handelt sich um zwei Figuren des Westgiebels, D und U*. Von diesen wurde D (Nr. 4) durch L. Weidauer, AA 1985, 206 f. zu Recht Praxithea benannt. Zu U* (Nr. 5) vgl. unten Anm. 116.

[104] LIMC IV (1988) 19 *s. v.* Erysichthon II Nr. 4 (U. Kron). Der Name erscheint für E fast überall dort, wo B als Kekrops angesehen wird, z. B. Brommer, Giebel 167; vgl. oben Anm. 101.

[105] LIMC V (1990) 704 *s. v.* Ion Nr. 1. In einem geplanten Supplement zu LIMC wird die Verf. zusammen mit A. Shapiro diesen Artikel verbessern und erweitern.

[106] Toepffer, AttGen 161 ff.; RE XV 2 (1932) 1408 f. *s. v.* Metion (A. Burkhardt). In LIMC existiert kein Artikel über Metion, da damals keine bildlichen Darstellungen nachgewiesen waren. – Zu Daidalos: LIMC III (1986) 313–321 Taf. 237–242 *s. v.* Daidalos et Ikaros (J. E. Nyenhuis). Zur altattischen Herkunft des Daidalos: E. Simon, AA 2004, Band 2, 422 und 427.

[107] B. Schweitzer, Zur Kunst der Antike Band II (Tübingen 1963) 164 ff.; *ibidem* Band I, 127 ff. zu Daidalos; F. Eckstein, Phidias und Perikles auf dem Schild der Athena Parthenos. In: FS Friedrich Matz (Mainz 1962) 66 ff.

Weitere Erechtheus-Töchter sind wohl in den Figuren F und Q links und rechts von der Mittelszene dargestellt (Abb. 5,1 und 2) [108]. Mehr ließe sich wohl über die bisher betrachtete Figurenfolge sagen, wenn die Tragödie „Erechtheus" des Euripides besser erhalten und näher datiert wäre[109]. Ihre Aufführung fiel in die Jahre zwischen 438 und 411 v. Chr., der Giebel war 432 v. Chr. vollendet und dem Euripides wahrscheinlich schon bekannt, denn die philologische Forschung setzt seinen „Erechtheus" in die zwanziger Jahre. Die Kephisos-Tochter Praxithea, von der eine patriotische Rede erhalten ist (*frg.* 360, 1–55), spielte in dieser Tragödie eine wichtige Rolle. In ihr starben Erechtheus und dessen älteste Tochter für Athen, zwei Schwestern folgten ihr nach (*frg.* 370, 20 ff. 67 ff.). Im Ostgiebel wirken B und C – wahrscheinlich also Erechtheus und Chthonia[110]– merkwürdig aus ihrer Umgebung herausgehoben. Wie Verstorbene auf klassischen Grabreliefs scheinen sie in eine andere Sphäre versetzt zu sein. Daß sie sich für ihre Stadt geopfert hatten, wurde in Athen nicht vergessen. Sie lebten dort weiter im Kult.

Bei der fast nackten Figur S in der rechten Giebelhälfte (Abb. 5,2) dachte Michaelis wie schon frühere Forscher an Aphrodite[111], es handelt sich aber um einen jungen Mann. Er wurde von Spaeth Triptolemos und kürzlich von Kreuzer Theseus genannt [112]. Zunächst zur ersten Hypothese, nach der in den beiden Hälften des Westgiebels die zwei gegnerischen ‚Lager' des Kampfes zwischen Athena und Poseidon dargestellt seien: links die Athener, rechts die mit Poseidon verbündeten Eleusinier, jeweils mit ihrem Nachwuchs. Nun hatte man in der mythologischen Forschung früher zwei Kriege angenommen: den Streit zwischen Athena und Poseidon unter Kekrops sowie den Kampf von dessen Nachfolger Erechtheus gegen den Poseidon-Sohn Eumolpos. Dieser machte Athen und seiner Göttin die Herrrschaft über Eleusis. streitig. Angeregt durch die Hydria aus Pella (Abb. 17) fasst man jetzt jene beiden Auseinandersetzungen zu einem einzigen, sich länger hinziehenden Krieg

[108] Figur F (nicht erhalten): Brommer. Giebel 8. 150 ff.; zu Q (mit den Kindern P und R): *ibidem* 50 f. 168 f. Taf. 118–121; Michaelis, Parth. 200 (dort Leukothea gennnt). Für diese unter den Elgin Marbles zum Teil erhaltene Gestalt wurde zu Recht der Name Oreithyia vorgeschlagen. Diese passt als Tochter des Erechtheus und der Praxithea in die im Giebel vorauszusetzende Zeit; ihr Gemahl, der Nordwind Boreas, wurde von den Athenern als ‚Schwiegersohn' angesehen (Toepffer, AtttGen. 115); schließlich kommt durch ihre Anwesenheit wie bei B und C Patriotisches zum Ausdruck, denn Boreas war der Verbündete Athens in den Perserkriegen; dazu LIMC VII (1994) 64–68 *s. v.* Oreithyia I (E. Simon); die Figur Q *ibidem* 67 Nr. 27.

[109] R. Kannicht, *Tragicorum Graecorum Fragmenta* Vol. 5, 1 (Göttingen 2004) 391–418 *frg.* 349–370.

[110] LIMC III (1986) 293 f. *s. v.* Chthonia (E. Simon).

[111] Michaelis, Parth. 181. 185. Er hielt das Kind R für Eros, es handelt sich aber um den einen Sohn der Oreithyia (oben Anm. 108). Die Zwillinge hießen Kalais und Zetes und gehörten zu den Argonauten: M. Vojatzi, Frühe Argonautenbilder (Würzburg 1982) 20. 52. 56. 66. 70. 113 ff.

[112] Spaeth 1991, 351. Die Deutung hängt mit dem ‚eleusinsichen Lager' zusammen, das sie in der rechten Giebelhälfte annimmt. Da ich dem nicht zustimmen kann, brauchen die Vorschläge aus der Familie des Keleos hier nicht diskutiert zu werden. Entsprechendes gilt für Kreuzer 2005, 193 ff. Ihre Deutung auf Theseus (S) und dessen Mutter Aithra (Q) mit ihren Enkeln Akamas und Demophon (P und R, *ibidem* 195 Abb. 2) greift auf zu späte Generationen von Heroen voraus.

zusammen[113]. Diese Vorstellung herrschte zweifellos im späten 5. Jh. v. Chr., als jene Hydria in Athen bemalt wurde. Die Athener hatten damals den dreißigjährigen Peloponnesischen Krieg hinter sich. Wenn die oben entwickelte Deutung von A* und B auf Kekrops und Erechtheus stimmt, so sind schon im Westgiebel des Parthenon die beiden Kriege zu einem einzigen geworden, den der Blitz des Zeus beendet.

Für die Figuren S und T in der rechten Giebelhälfte sind wir auf die Carrey-Zeichnung angewiesen (Abb. 5,2). Der Jüngling S wurde kürzlich Theseus genannt, der mit seinem Vaters Aigeus (T) gruppiert sei. Im übrigen sehen viele Forscher hier Ion mit seiner Mutter, der Erechtheus-Tochter Kreusa [114]. Nun hält die am Boden lagernde, sicher weibliche Figur T den nahezu erwachsenen jungen Mann nicht mütterlich auf den Knien. Er hatte sicher einen eigenen Sitz, wenn auch bei Carrey nichts mehr davon zu sehen ist. Aus der späteren Bildkunst sind lagernde weibliche Gestalten wie T als Nymphen, als Personifikationen von Landschaften oder als Erdmutter Ge bekannt[115]. Der Typus hat lange nachgewirkt. Im Westgiebel ist T, wie Harrison zeigte, mit zwei sitzenden Frauen (U und U*) gruppiert[116]. Obwohl die Gelehrte verschiedene weibliche Namen aus der Erechtheus-Familie vorschlägt, möchte ich die drei Frauen (T bis U*; vgl. Rekonstruktion Abb. 15, 2) als ‚pluralische' Gestalten sehen. Es handelt sich wohl einfach um Nymphen.

Diese Gruppe setzt sich fort in Ilisos (V) und Kallirrhoe (W) – Naturwesen wie die Nymphen – und nach der andere Seite hin in der Sitzenden mit den Zwillingen (P bis R Abb. 5,2). Sie wurde als Gemahlin des Windes Boreas gedeutet (Anm. 108), vertritt also neben Land und Wasser die Luft. Da Nymphen und Flussgottheiten auch als *kourotrophoi* verehrt wurden, können sie zusammen mit jungem Nachwuchs erscheinen. Die Fülle mythologischer Namen, die bisher für die rechte Giebelhälfte gebraucht wurden, vermindert sich deutlich, wenn T bis U* einfach attische Nymphen sind. Von diesen waren die vornehmsten Kinder des Zeus und der Themis. Sie hausten in einer Höhle am athenischen Bach Eridanos, der in den Ilisos mündet.[117] An sie mögen die Athener gedacht haben, als sie zum Giebel emporblickten. Die Mutter jener Nymphen, Themis, kehrt im Ostgiebel wieder (Abb. 6,2 vgl. Anm. 86) und vielleicht auch in Nordmetope 32 (Abb. 9,1 vgl. Anm. 64).

Die rechte Hälfte des Westgiebels zeigt also weder ein ‚eleusinisches Lager' (Spaeth) noch eine ‚geschlossene Gesellschaft' (Kreuzer). Man könnte vielmehr fast

[113] Tiverios 2005, 300–303; ähnlich schon Weidauer, AA 1985, 204 Anm. 64 und Weidauer/Krauskopf 1992, 7 f.

[114] Zur Theseus-Deutung oben Anm. 112. – Zu Kreusa: LIMC VI (1992) 117 120 s. v. Kreousa I (G. Berger-Doer), *ibidem* 118 Nr. 1 die Westgiebelfigur T : „Deutung umstritten".

[115] Vgl. etwa LIMC VIII (1997) Suppl. 891 ff. *s. v.* Nymphai Taf. 585. Taf. 597 Nr. 86 a und 106. Auch die Personifikation Attike kann so lagern (Simon 1980/98, 113 Abb. 9.10) oder die Erdmutter Ge-Tellus am Panzer des Augustus von Primaporta (unten Anm. 154) und sonst: LIMC IV (1988) 174 *s. v.* Ge Nr. 31 (= Attike) und Nr. 33 Taf. 99 (durch die Beischrift als Ge gesichert).

[116] Harrison 1967, 1 ff.; dazu kritisch Lindner 1982, 363 ff. und 371 Abb. 48 (gegenüber Harrison veränderte Rekonstruktion von Berger). Dort ist S gegenüber Harrison ‚erwachsener' gezeigt, was der Carrey-Zeichnung entspricht; vgl. auch Berger, Ostgiebel 77 Abb. 19.

[117] R. L. Fowler, Early Greek Mythology I (Oxford 2000) 285 Pherekydes frg. 16 a; vgl. Karanastassi 1997, 1200.

von einer bukolischen Darstellung sprechen, blickte der junge Mann S nicht erregt zum Zentrum hin (Abb. 5,2). Er ist leider nur in der Carrey-Zeichnung erhalten und in Rekonstruktionen oft zu klein und zu kindlich wiedergegeben (vgl. Anm. 116). Ich möchte vorschlagen, in S einen der wichtigsten Ahnen Athens zu sehen, den jungen Butes. Er wäre das perfekte Pendant zu dem Jüngling E in der linken Giebelhälfte, dem Ahnen der Metioniden (Abb. 5,1 vgl. Anm. 106). Von Butes stammten die Butaden, die sich seit der Neuordnung des Staates im späten 6. Jh. v. Chr. Eteobutaden (echte Butaden) nannten. Iohannes Toepffer schrieb über sie zur Zeit von Michaelis das Folgende[118]: „In den Traditionen keines anderen Adelsgeschlechtes ist der von den Athenern jederzeit gepflegte Glaube an den autochthonen Ursprung ihrer Vorfahren in so sinnfälliges Weise verkörpert worden wie in denen der Eteobutaden". Butes bedeutet nämlich einfach (Rinder-) Hirte. Das passt nicht nur in das erwähnte ‚bukolische' Ambiente sondern auch zu einer königlichen Gestalt. Völkerhirte heißt Agamemnon bei Homer (Ilias 2, 105). Daß im Butaden-Geschlecht die Priesterämter für Athena und Poseidon erblich waren, wurde schon erwähnt (Anm. 90). Das erste übten weibliche, das zweite männliche Mitglieder aus. Beide Kulte waren mit dem Erechtheion (und dessen Vorläufern) verbunden, in dem es Wandgemälde mit genealogischen Darstellungen der Eteobutaden gab (Pausanias 1, 26,5). Vielleicht hängt der Mythos vom Streit um Attika sogar mit mehrfach überlieferten Spannungen innerhalb jenes großen Familienverbandes zusammen.

Als Vater des Butes galt Poseidon, weshalb ein Dreizack das ‚Wappen' der Eteobutaden war. Daneben hatte Butes wie andere Heroen – man denke an Herakles oder Theseus – auch einen menschlichen Vater, dessen Name in den Quellen verschieden angegeben wird. Besser ist die Überlieferung für seine Mutter Zeuxippe, die uns im Westgiebel schon als vermutliche Lenkerin des Athenagespanns begegnet ist (Anm. 90). Sie war eine Najade, Tochter des in den Ilisos mündenden Eridanos. Dort hatten die von Zeus und Themis stammenden Nymphen ihre Kulthöhle (Anm.117). Bei diesen *kourotrophoi*, so legt es die Darstellung nahe, wuchs der Stammvater der Eteobutaden auf. Dass Mitglieder dieses Geschlechts in beiden Giebelhälften erscheinen, braucht mit Blick auf das Geschehen im Zentrum nicht zu verwundern. Die Nachkommen des Butes wirkten in Athen durch Jahrhunderte hin am kultischen Ausgleich zwischen Athena und Poseidon mit. Sicher hatten sie auch Mitspracherecht für die Gestaltung des Parthenon.

Von den Giebeln lässt sich hier zusammenfassend sagen, dass es mehr inhaltliche Brücken zwischen ihnen gibt als man bisher erkannte.

Die hier dargelegten Beziehungen zwischen Ost- und Westgiebel, von denen im Zusammenhang mit Zeus (S. 115), mit den eleusinischen Göttinnen (S. 115) und in Bezug auf Themis die Rede war (S. 116 und 121), sind zum Teil neue Erkenntnisse. Auch zwischen Metopen und Giebeln lassen sich Verbindungen feststellen. So

[118] Toepffer, AttGen 118. Die Eteobutaden sind dort 113–133 behandelt, wofür auf Einzelheiten verwiesen sei. – Zu Butes : LIMC III (1986) 152 f. *s. v.* Boutes (E. Simon); Figur S ist dort noch nicht Butes genannt, wohl aber wird Butes als Vater der Hippodameia in Südmetope 12 des Parthenon vermutet (*ibidem* Nr. 3). Butes gehörte ferner wie die Zwillinge auf den Armen der Figur Q (Oreithyia, vgl. Anm. 108 und 111) zu den Argonauten.

steht das Thema der Südmetopen, die an der Hochzeit des Perithous ausgebrochene Kentauromachie, in Bezug zu den Butaden, die in beiden Teilen des Westgiebels erscheinen (S. 122). Perithous heiratete nämlich die attische Prinzessin Hippodameia, eine Tochter des Butes. Dieser trat wahrscheinlich in dem durch Carrey überlieferten Zentrum der Südmetopen auf (Anm.118).

Gegenüber der mythischen Welt in Metopen und Giebeln stammt die Thematik des Cellafrieses aus dem Bereich des Kultes (vgl. Anm.78). Was die Technik betrifft, so hat bereits Michaelis glänzende Beobachtungen zum Können der Bildhauer gemacht[119]. Sie bezogen die hohe Anbringung und Lichtprobleme in ihre Arbeit ein. So ist das im Grund sehr flache Friesrelief im oberen Teil etwas vertieft, sodass es von unten unverzerrt betrachtet werden kann. Für die Göttergruppe des Ostfrieses hatte Michaelis schon sechs Jahre vor seinem Parthenonwerk Pionierarbeit geleistet. Sie wird deutlich, wenn man auf seiner Übersicht die verschiedenen früheren Vorschläge liest[120]. Die seinigen führten zu der im 20. Jh. allgemein anerkannten Interpretation[121]. Nur wenige Umbenennungen waren nötig: So ist der neben Demeter Sitzende (Ost 27) nicht Triptolemos sondern Ares. Und die Göttin hinter Aphrodite (Ost 40) ist nicht Peitho sondern Artemis (vgl. Anm. 85). Dargestellt sind die Zwölfgötter Athens beim Hauptfest der Panathenäen. Sie erscheinen alle sitzend, bei Hera und Aphrodite steht dazu je eine Flügelfigur. Die rechte ist Eros, während die Deutung der linken zwischen Nike, wie Michaelis sie nennt, Iris und Hebe schwankt[122]. Die Interpretation der übrigen Teile des Frieses mit der Panathenäen-Prozession und den sie begleitenden Reitern war schon im 19. Jh., der Zeit des Historismus, auf dem richtigen Weg.

Das Werk über den Parthenon wurde hier deshalb länger als die übrigen Arbeiten von Michaelis behandelt, um darzulegen, dass es nicht nur für die Geschichte der Archäologie, sondern noch immer auch für die Forschung selbst voller Anregung ist. Die hier vorgelegten Hypothesen sind nicht denkbar ohne die bei Michaelis konsequent durchgeführte Deutung der Wassergottheiten in den Ecken des Westgiebels. Daraus ergab sich die Erkenntnis, dass die drei neben Kallirrhoe und Ilisos sitzenden bzw. lagernden Frauen rechts im Westgiebel (Abb. 5,2 und 15,2) attische Nymphen als *kourotrophoi* sind. Ebenso konnte in der linken Giebelhälfte mit Kephisos beginned die genealogische Darstellung der Erechtheus-Familie erkannt werden (Abb. 5,1) Sie setzt sich im Grund jenseits der Mitte in Oreithyia fort (vgl. Anm. 108), denn diese Tochter des Erechtheus, „die in den Bergen dahinstürmt", die Gemahlin des

119 Michaelis, Parth. 203 ff.

120 Michaelis, Parth. 262–263. Sein früherer Beitrag zum Ostfries: Memorie dell' Instituto 1865 Band 2, 183–208.

121 Neils 2001. Eine gute kurze Abhandlung „Zu Komposition und Inhalt des Parthenonfrieses", basierend auf den Arbeiten von Brommer, Beschi, Jenkins, Berger/Gisler, Neils, Harrison, Pollitt und anderen (alle am Anfang zitiert) findet sich in P. C. Bol (Hrsg.) Zum Verhältnis von Raum und Zeit in der griechischen Kunst (Möhnesee 2003) 161–169 (U. Höckmann). Auch dort ist Michaelis aktuell in die Diskussion einbezogen (161 Anm. 9).

122 Neils 2001, 164–166 plädiert für Hebe. Der Deutung auf Nike wie bei Michaelis neigen auch heute mehrere Gelehrte zu (*ibidem* 164 Anm. 90). Mir scheint Iris, auch sonst Botin der Hera, die beste Deutung zu sein; vgl. Kossatz-Deissmann 1990, 747 f. Nr. 68 Taf. 489.

Nordwinds, ist nach ihrem Wesen eine Nymphe. Ihre Zwillinge weisen in die Zukunft, ebenso die prächtige Gestalt des jungen, bei den Nymphen aufgewachsenen Butes. Er und die Söhne der Oreithyia gehörten später zu den Argonauten, sodaß der attische Anteil an jenem berühmten Schiff beträchtlich war. Und Boreas, der Gemahl der Athenerin Oreithyia, war ein starker Helfer der Stadt in den Perserkriegen, an deren Ende der Parthenon geplant wurde.

Damit verlassen wir diesen faszinierenden Bau und kommen zu den „Ancient Marbles in Great Britain", translated from the German[123]. Michaelis bedankt sich im Vorwort bei seinen britischen Helfern in Bezug auf „das trockene aber hoffentlich nicht nutzlose Werk". Es wurde zu einem Klassiker, wie etwa Cornelius Vermeule 1955 schrieb[124]: „Although many archaeological works prepared over 70 years ago are now little used as standard references, Michaelis' great work has remained a classic". Vermeule bringt 20 Seiten Nachträge zu den Ancient Marbles für eine zweite Auflage, die jedoch nicht erfolgt ist. Die Meisterleistung von Michaelis scheint heute unwiederholbar zu sein.

Dem Werk ging vier Jahre vorher, 1878, eine kurze Einzelschrift voraus: „The Holkham Bust of Thucydides", ebenfalls in der Cambridge University Press[125]. Sie ist ein Pionierwerk für die Erforschung des antiken Porträts. Zeichnungen nach Antiken, die für Porträtstudien nur beschränkt brauchbar sind, gab es damals in archäologischen Publikationen noch allgemein. Michaelis bringt eine gute Fotografie (Abb. 18) und schließt von der Büste hadrianischer Zeit überzeugend auf ein ganzfiguriges Bronzeoriginal aus der Generation nach dem Tod des Thukydides. Nicht anders, in die Jahre 380/370 v. Chr., datiert Karl Schefold das ursprüngliche Bildnis[126]. Trotz weiterer Repliken, von denen die in Neapel den Namen trägt, bleibt die Büste in Holkham Hall bis heute das beste Porträt des großen Historikers des Peloponnesischen Krieges. Schefold beruft sich auf Michaelis und beschreibt das Antlitz so: „Aus den strengen Formen, dem fest geschlossenen Mund, den nüchtern und genau beobachtenden Augen spricht düsterer Ernst der Betrachtung einer untergehenden Zeit".

Neben Porträts, Grab-, Weihreliefs, Idealplastik und anderen Bereichen ist es vor allem das große Gebiet der antiken Marmorsarkophage[127], durch deren Beschreibung Michaelis in den „Ancient Marbles" die Spezialforschung angeregt hat. Da manche britischen Besitzer im 20. Jh. die Sammlungen ‚lichten' mussten, sodass sich ihre

[123] Gedenkschrift 38. Zur Widmung an George Scharf unten Anm. 152.

[124] AJA 59, 1955, 129.

[125] Gedenkschrift 37.

[126] Michaelis, Marbles 310; K. Schefold, Die Bildnisse der antiken Dichter, Redner und Denker (Basel 1997) 144 f. 499 zu Abb. 63 und 65.

[127] In der Zeit von Michaelis wurden – beginnend mit E. Gerhard (oben Anm.7) – Corpusbände für einzelne Denkmälerklassen gegründet. Für die antiken Sarkophagreliefs begann diese Arbeit mit dem Lübecker Friedrich Matz dem Älteren (1843–1874), einem Schüler von Otto Jahn (oben Anm. 4), der mit Michaelis zusammenarbeitete; vgl. Lullies/Schiering 85. – Das Corpus wurde fortgeführt von Carl Robert (1850–1922): Lullies/Schiering 96 f. (H. Meyer), darauf von dem Neffen des zuerst Genannten, Friedrich Matz dem Jüngeren (1890–1974): Lullies/Schiering 250 f. (B. Andreae). Das Corpus mit dem Zentrum in Marburg ist noch nicht abgeschlossen.

Antiken weit zerstreuten, gewinnt die Arbeit von Michaelis weiter an historischem Gewicht. Es wird verstärkt durch die über 200-seitige Einleitung zur Geschichte der englischen Antikensammlungen. Dort geht es auch um die Entstehung des Britischen Museums[128], dessen Antiken nicht in den Band aufgenommen sind. Sie hätten ihn gesprengt. Was die Elgin Marbles betrifft, hatte Michaelis sie in seinem Werk über den Parthenon bereits eingehend behandelt.

Zu bedauern ist aus heutiger Sicht, dass in den „Ancient Marbles" die Beigabe von Bildmaterial sehr sparsam ausfiel. Bücher mit fotografischer Ausstattung waren damals rar, ja Fotografien wurden zur Publikation zum Teil in Holzstiche umgesetzt. Das ist etwa der Fall bei dem Grabrelief eines Mädchens mit zwei Tauben (Abb. 19 und 20), das 1785 auf der Insel Paros zutage gekommen war[129]. Die Stele befindet sich nicht mehr wie bei Michaelis in Brocklesby Park, sondern schon seit 1927 im Metropolitan Museum New York. Michaelis war sich der Schönheit und Qualität des Reliefs aus parischem Marmor bewusst, das er als Perle jener englischen Sammlung bezeichnet. Er datiert die Stele in das 5. Jh. v. Chr. – wir würden heute sagen Mitte des 5. Jhs. – und verglich den Stil zutreffend mit anderen inselgriechischen Reliefs, etwa aus Thasos, das von Paros her besiedelt worden war. Er beobachtete auch zwei kleine Bohrlöcher in der Gegend der kindlichen Hände, aus denen hervorgeht, dass ursprünglich ein Kettchen aus Bronze die beiden Tauben verband. Das früh verstorbene Mädchen wendet sich ihnen in kindlichem Ernst liebevoll zu (Abb. 20).

Unsere Betrachtung begann im Jahr 1906, mit der Gründung der Gesellschaft, und endet mit dem gleichen Jahr. Damals brachte Michaelis sein Alterswerk heraus[130]: „Die archäologischen Entdeckungen des 19. Jahrhunderts". Es ist aus einer Vorlesung entstanden, die an Studenten wie an ein größeres Publikum gerichtet war. Manche populären Bücher veralten rasch; bei dem vorliegenden lohnt sich das Lesen noch heute. Der Grund dafür liegt in der Begabung des Verfassers, Geschichtliches klar zu definieren. Er tut es in Verantwortung gegenüber den Studierenden wie dem interessierten Publikum. Eine zehnseitige, nach Kapiteln eingeteilte Quellenangabe (301–310) und ein Register ersetzen die Anmerkungen. Dem Buch war ein solcher Erfolg beschieden, dass schon 1908 eine zweite Auflage erschien, die den neuen Titel „Ein Jahrhundert kunstarchäologischer Entdeckungen" trägt. Diese kam im gleichen Jahr auch in englischer Übersetzung heraus[131]. Wir konzentrieren uns hier auf die erste Auflage.

In Kapitel I ist die Geschichte der Antikenkenntnis vom Mittelalter bis zum Ende des 18. Jhs. behandelt[132]. Dieses war, um mit Goethe zu sprechen, das Jahrhundert Winckelmanns. Das Zentrum lag in Rom. Winckelmann kennt in seiner „Geschichte der Kunst des Alterthums" (1764) fast nur römische Kopien griechischer Werke, etwa

[128] Das Thema kehrt in Michaelis, 19 Jh. in Kapitel III, V u. ö. wieder.

[129] Michaelis, Marbles 228 f. Die Beilage ist ein Holzstich nach einer Fotografie (hier Abb. 19). Robertson 1981, 101 Abb. 141.

[130] Gedenkschrift 50.

[131] A Century of archaeological Discoveries, translated by Bettina Kahnweiler, with a preface by Percy Gardner (London 1908).

[132] Michaelis, 19. Jh. 1–12.

den Apoll im Belvedere des Vatikan[133]. Er sollte für die folgenden beiden Generationen ein Hauptwerk antiker Kunst bleiben, bis originale griechische Skulpturen an seine Stelle traten. Chronologisch fortschreitend widmet sich Michaelis im nächsten Kapitel der Zeit Napoleons [134]. Dessen Expedition nach Ägypten (1798 / 99) richtete sich zwar gegen England. Durch die begleitenden Gelehrten wurde sie aber auch der „erste wissenschaftliche Vorstoß in das Innere des Pharaonenreiches". – Ab 1806 erhielten die seit zwei Generationen laufenden Grabungen in Pompeji starke Unterstützung durch die Lieblingsschwester Napoleons Caroline, Königin von Neapel[135]. Und in Paris entstand das Musée Napoléon, nach Michaelis[136] „Bildungsanstalt der damaligen Archäologen".

Von Griechenland in der Spätzeit der türkischen Verwaltung handelt Kapitel III[137]. Die damaligen Skulpturenfunde auf der Insel Ägina und in Bassai Phigalia blieben noch nicht im Land, sondern gelangten in die Münchner Glyptothek und in das Britische Museum in London. An diesen Orten setzte gegenüber den Museen in Rom und Paris, wie Michaelis zeigt, eine Entwicklung neuer Art ein[138]. Im Zentrum des Interesses stand von nun an, den Apoll im Belvedere verdrängend, originale griechische Plastik. Ihr hatte sich auch der junge Schotte Thomas Bruce, seventh Earl of Elgin verschrieben, der 1799 britischer Botschafter in Konstantinopel wurde. Er erwirkte bei der Hohen Pforte die Erlaubnis, auf der Athener Akropolis Skulpturen sammeln zu lassen. Zum Teil wurden sie auch von den Ruinen des Parthenon abgenommen. Michaelis wiederholt hier knapp die Darlegungen aus seinem Parthenon-Werk und betont gegenüber den Kritikern Lord Elgins[139]: „Erst durch die Bergung der schwer gefährdeten Reste und durch ihre Ausstellung an einem leicht zugänglichen Orte haben die Marmorwerke aus der Schule des Phidias … Einfluß auf die Entwicklung der Archäologie … gewonnen." Neben Lord Elgin sollte man mit Michaelis auch dem Bildhauer Canova dankbar sein, der die Ergänzung der Parthenon-Skulpturen ablehnte[140]: „Damit war von der damals angesehensten Kunstautorität eine neue Richtschnur bezeichnet, ganz abweichend von dem in Italien üblichen Verfahren

[133] Zum Apoll vom Belvedere: N. Himmelmann, in : M. Winner / B. Andreae / C. Pietrangeli (Hrsg.) Cortile delle Statue. Akten des internat. Kongresses zu Ehren von Richard Krautheimer Rom 1992 (1998); M. Fuchs, BullCom105, 2004, 123–148. Zu erwarten ist eine Arbeit von A. Leibundgut (im Druck). Der Ruhm des Apoll vom Belvedere wurde im 19. Jh. durch die Elgin Marbles verdrängt. Seine Rolle im 20. Jh. übernahm Rilkes „Archaischer Torso Apollos". Zu diesem Werk im Louvre erhellend: Renate Bol, IstMitt 55, 2005, 37–64 Abb. 1–4. Es handelt sich um eine spätarchaisch-frühklassische Statue des Apollon Termintheus aus Myus, die im römischen Theater von Milet wiederaufgestellt war.

[134] Michaelis, 19. Jh. 13–24; das Zitat *ibidem* 16.

[135] Michaelis, 19. Jh. 19 f. Systematisch wurde dort jedoch später, unter Guiseppe Fiorelli, gegraben; *ibidem* 133 ff.

[136] Michaelis, 19. Jh. 23 f.

[137] Michaelis, 19. Jh. 25–51.

[138] Michaelis, der Kapitel III „Die Wiedergewinnung Griechenlands" nennt, macht deutlich, dass sowohl in der Wissenschaft als auch im ästhetischen Geschmack damals ein Wandel eintrat.

[139] Michaelis, 19. Jh. 29.

[140] Michaelis, 19. Jh. 35.

und zu neu, um gleich überall befolgt zu werden, aber der Zukunft sicher“. Michaelis spielt hier auf Thorvaldens Ergänzungen der Ägineten an, ohne sie zu nennen. Schon Adolf Furtwängler hatte sie bedauert. In den sechziger Jahren des vorigen Jhs. wurden sie abgenommen[141].

Zu den wichtigsten Kapiteln gehört das vierte, weil Michaelis hier reiches Material zur Verfügung hatte: In einem über 180-seitigen Band hatte er 1879 die 50-jährige Geschichte des Istituto Germanico, wie es heute in Italien heißt beschrieben.[142] 1829 war es als Istituto di Corrispondenza Archeologica auf dem Kapitol gegründet worden und blieb durch Jahrzehnte – bis 1874 – international. Wie aus den Darlegungen von Michaelis in beiden Schriften hervorgeht, war der Anlass für die Gründung das überreiche archäologische Material, das seit den zwanziger Jahren des 19. Jhs. in Etrurien zutage kam. Es verlangte nach fachgerechter Publikation. Vor allem Wandgemälde sowie Gefäße und Geräte aus Ton und Bronze kamen damals in Mengen in etruskischen Nekropolen zutage[143]. Zwar waren im südlichen Italien antike Vasen schon 18. Jh. bekannt geworden; sie gelangten nach Neapel und zum Teil durch die bekannte Sammlung Lord Hamiltons nach London[144]. Aber die etruskischen Funde waren zahlreicher und stellten die Archäologen vor völlig neue Fragen. Der Schlesier Eduard Gerhard war einer der ersten, die in Rom eine Institutsgründung planten. Auch die Publikation nach speziellen Kunstgattungen geht auf ihn zurück[145]. So sind sie von ihm begonnenen *Corpora* der Spiegel und der Urnen aus etruskischen Werkstätten noch heute in wissenschaftlichem Gebrauch.

Die Keramikfunde leiteten für die Archäologie ein neues Zeitalter ein. Michaelis bezieht sich in den folgenden Kapiteln, die hier nicht alle zitiert werden können, mehrmals darauf[146]. Sein Freund Alexander Conze schuf den Begriff ‚geometrischer Stil‘, den wir noch heute für Vasen und andere Werke des 10., 9. und 8. Jhs. v. Chr. gebrauchen[147]. Die wichtige Rolle der Keramik für Stilentwicklung und Chronologie, für den antiken Handel, für Kult und Mythos und vieles andere kündet sich zwar schon bei Michaelis an. Sie führte nach dem ersten Weltkrieg in der Nachfolge der *Corpora* von E. Gerhard zur Gründung des *Corpus Vasorum Antiquorum* durch die Internationale Vereinigung der Akademien[148]. Dass man damals Deutschland, da es den Krieg verloren hatte, davon ausschloß, war ein Verstoß gegen den internationalen Charakter der Archäologie. Michaelis hat das zum Glück nicht mehr erlebt.

141 D. Ohly, Glyptothek München, Führer (^{5}1981) 58–60 (zur Restaurierung); A. Furtwängler (*ibidem*) hat Thorvaldsens Ergänzungen „als dunklen Punkt in der Geschichte der Ägineten“ bezeichnet. Zur Deutung des Westgiebels von Ägina: E. Simon, Aias von Salamis als mythische Persönlichkeit. SBWissGes XLI Nr. 1 (Stuttgart 2003) 22 ff.

142 A. Michaelis, Geschichte des Deutschen Archäologischen Instituts 1829–1879. FS zum 21. 4. 1879 (Berlin 1879); Michaelis, 19. Jh. 57 ff.

143 Michaelis, 19. Jh. 52 ff. 58 ff.

144 S. Schütze / M. Gisler-Huwiler (Hrsg) Pierre-Francois Hugues D’ Hancarville, Die Antiken aus der Sammlung von Sir William Hamilton (Köln 2004).

145 Zu E. Gerhard oben Anm. 7 und 127; Michaelis, 19. Jh., 53 ff.

146 Michaelis, 19. Jh., 58 ff. 200 ff.

147 Zu A. Conze oben Anm. 8 – 10; Michaelis, 19. Jh., 175 ff.

148 M. Bentz in P. Zanker (Hrsg.) Vasenforschung und Corpus Vasorum Antiquorum Band 1 (München 2002) 9–15; AW 36, 2005, 100 (E. Simon).

Doch hätten ihn sicher die Untersuchungen von Roland Hampe und Adam Winter interessiert, die ‚fünf Minuten vor Zwölf' antiken Töpfertechniken in den Ländern am Mittelmeer nachspürten[149]. Auch die gleichzeitigen Keramik-Untersuchungen Winters und des Amerikaners Noble in den fünfziger bis siebziger Jahren des letzten Jhs., die unabhängig voneinder zu gleichen und dadurch überzeugenden Ergebnissen kamen, seien neben den neuen archäometrischen Forschungen genannt[150].

In Kapitel V „Entdeckungen im Osten", geht es neben Assyrien vor allem um Kleinasien in den beiden Jahrzehnten um die Mitte des 19. Jhs. „Das bedeutendste Ereignis jener Jahre war was man die Entdeckung Lykiens nennen könnte"[151]. Michaelis hebt dabei die Verdienste des Engländers Charles Fellows hervor. Dieser nahm als Maler den jungen George Scharf mit, „den in London geborenen Sohn eines bayrischen Künstlers"[152]. Es ist derselbe, dem Michaelis seine „Ancient Marbles" (1882) widmete. Die lykischen Funde, darunter das berühmte ‚Nereidenmonument' gelangten in vielen Kisten nach London·; dazu kamen – durch die ähnlich intensive Arbeit von Charles Thomas Newton – auch die Friesplatten des Mausoleums von Halikarnass[153]. Ab 1861 übernahm Newton die Leitung der Antikenabteilung des Britischen Museums

Kapitel VI beginnt zwar mit einigen Entdeckungen in und bei Rom – so der Statue des Augustus von Prima Porta (1863)[154] – doch dann konzentriert sich Michaelis auf Berichte über die gezielte Ausgrabung griechischer Kultstätten. Ein Pionier auf diesem Gebiet war sein Freund Alexander Conze. Er wurde 1869 auf den neu errichteten Lehrstuhl für Archäologie an der Universität Wien berufen. Das Fach war dort lange vernachlässigt worden, wofür Michaelis Metternich die Schuld gibt [155]. Conze grub in zwei österreichischen Expeditionen zusammen mit Architekten und anderen Experten das Mysterien-Heiligtum auf der Insel Samothrake aus[156]. Neues Ziel war nun die Freilegung ganzer Komplexe, auch ohne spektakuläre Funde. Diese ergaben sich von selbst. So fand Conze ein hohes Monument in Schiffsform, die Basis der Nike, die ein französischer Konsul zehn Jahre zuvor in Fragmenten aus Samothrake

[149] R. Hampe / A. Winter, Bei Töpfern und Töpferinnen in Kreta Messenien und Zypern (Mainz 1962) und: Bei Töpfern und Zieglern in Süditalien Sizilien und Griechenland (Mainz 1965).

[150] J. Noble, The Techniques of Painted Attic Pottery (New York 1965 und London 1988); A. Winter, Die antike Glanztonkeramik (Mainz 1978); Beth Cohen, The Colors of Clay. Spezial Techniques in Athenian Vases. Ausstellungs-Katalog J. P. Getty Museum (Los Angeles 2006).

[151] Michaelis, 19. Jh., 77.

[152] Vgl. oben Anm. 16 und 123; Michaelis, 19. Jh. 78.

[153] Michaelis, 19. Jh., 83: „Ein Hauptwerk griechischer Plastik aus der Mitte des 4. Jhs. war so weit wiedergewonnen wie man es gewinnen zu hoffen durfte, und im Britischen Museum fand sich durch Newtons Energie allmählich alles ... zusammen"; Robertson 1981, 163 f. Abb. 222 f.; Lullies / Hirmer 1979 Taf. 200–203. – ein Porträt von Charles Newton bei Szemethy 2005 Taf. 8, 3.

[154] Zu Statue: E. Simon, Augustus (München 1986) 53–57 Taf. 1; Michaelis, 19. Jh., 91 f.

[155] Michaelis, 19. Jh., 97; Grabung in Samothrake *ibidem* 98 ff.

[156] RE I A 2 (1920) 2224ff. s. v. Samothrake (K. Fredrich). Die Insel gehörte von 1456 „mit wenigen Unterbrechungen bis 1913" zum osmanischen Reich. In den 30er Jahren setzten amerikanische Archäologen unter Leitung von K. Lehmann die alte Grabung fort: DNP 11 (2001) 23 f. (H. Kühne). Die Giebelskulpturen: Fuchs 1983, 396 Abb. 439 a.

nach Paris gebracht hatte[157]. Sie ist heute eine der Attraktionen des Louvre. Da die nordgriechische Insel noch nicht zum Königreich Hellas gehörte, waren Transporte von Funden nach Paris und Wien möglich.

Die erste Grabung, bei der das ans Licht Gekommene vertraglich im Land blieb, war die des neu gegründeten Deutschen Reiches in Olympia (ab 1875)[158]. Sie wurde darin zum Vorbild für alle folgenden Grabungen. Michaelis berichtet über die mehr als ein Jahrtausend umspannende Geschichte, die damals in Olympia zutage trat. Manche wissenschaftlichen Diskussionen, von denen er schreibt, sind auch jetzt noch nicht abgeschlossen[159]. Die Französische Schule grub damals in den Heiligtümern des Apollon auf Delos und in Delphi[160], während griechische Archäologen im Zeusheiligtum von Dodona im äußersten Nordwesten arbeiteten, dazu im Mysterienheiligtum von Eleusis und in Epidauros, dem Kult- und Heilort des Asklepios[161],

Außer bei Kultorten wurde die neue Art der Gesamtgrabung auch bei antiken Städten angewandt. Den Anfang macht in Kapitel VII Pompeji, wo ab 1860 durch den Grabungsleiter Giuseppe Fiorelli die neue Methode zur Anwendung kam[162]. „Fiorelli ließ nun ganze, von Straßen begrenzte Häuserblöcke (‚Inseln‘) auf einmal vornehmen und von oben schichtweise bloßlegen“. Gleichzeitig entdeckte August Mau die vier pompejanischen Stile, über die er nach mehreren Beiträgen in der „Geschichte der decorativen Wandmalerei“ (1882) zusammenfassend schrieb [163]. Seine Einteilung bewährte sich von Michaelis bis heute.

Den Höhepunkt von Kapitel VII bildet die Entdeckung des Pergamonaltares durch Carl Humann und die Freilegung der Residenzstadt der Attaliden[164]. Dass der Fries mit dem Kampf der Götter gegen die Giganten nach Berlin gelangte, ist Alexander Conze zu verdanken, der sich 1877 von Wien nach Berlin begeben hatte. Er übernahm dort die Leitung des Museums, das nach der Aufstellung jener Friesplatten Pergamon-Museum genannt wurde[165]. Nach dem Vertrag mit der osmanischen Regierung sollte ein Drittel der Funde im Land bleiben, doch Berlin kaufte dieses dazu, um den ganzen Altar präsentieren zu können.

[157] Michaelis, 19. Jh., 98–100; Robertson 1981, 194 Abb. 274.; Fuchs 1983, 229 ff. Abb. 250.

[158] Michaelis, 19. Jh. 105 ff.

[159] Das geht etwa hervor aus dem Symposion-Beiträgen bei H. Kyrieleis, (Hrsg.) Olympia 1875–2000. 125 Jahre Deutsche Ausgrabungen (Mainz 2002).

[160] Michaelis, 19. Jh., 101 ff. (Delos); 122 ff. (Delphi).

[161] Michaelis, 19. Jh., 113 f. (Dodona); 115 ff. (Eleusis); 117 ff. (Epidauros).

[162] Vgl. oben Anm.135; das Zitat *ibidem* 133. Michaelis hat sich selbst in seinen späteren Jahren mit pompejanischer Architektur beschäftigt: RM 14, 1899, 192–212. Eine Fortsetzung, auf die er am Ende hinweist, habe ich nicht gefunden.

[163] Zu August Mau (1840–1909): Lullies / Schiering 78 f. (H. Döhl); Michaelis, 19. Jh., 136 ff.

[164] Zu Carl Humann (1839–1896): Lullies / Schiering 69 f. (D. Pinkwart); Michaelis,19. Jh., 140 ff.; *ibidem* 141 auch zu Conzes Umzug von Wien nach Berlin. – Zur Grabungsgeschichte: W. Radt, Pergamon.(Darmstadt 1999) 11 ff.

[165] Gute Abbildungen des Großen Frieses: Lullies / Hirmer 1979 Taf. 263–270. – Zum Telephosfries: R. Dreyfus / E. Schraudolph (Hrsg.) Pergamon. The Telephos Frieze from the Great Altar Vol. 1 / 2 (San Francisco 1996 / 97).

Außer in Pergamon wurde vom Berliner Museum aus auch in Magnesia am Mäander, in Priene und Milet gegraben[166]. Priene entwickelte sich zu einem kleinasiatischen Pompeji, da die Straßen und Plätze, Theater und Tempel der Stadt begangen werden können. Entsprechendes gilt für das viel größere Ephesos, an dem österreichische Archäologen seit 1895 bis heute arbeiten[167]. Michaelis geht auch auf deren Expeditionen nach Lykien ein, in Nachfolge der britischen, die eine Generation früher lagen. Eine ihrer Enteckungen war das Heroon von Gjölbaschi Trysa aus der Zeit um 400 v. Chr., das nach Wien gelangte. Im vorigen Jahr kam dort ein über 700-seitiger Band über dessen Erwerbung heraus[168]. Der rekonstruierte Bau soll 2008 im Gebiet des Wiener Kunsthistorischen Museums wieder zugänglich sein.

Doch zurück zu Michaelis, von dem wenigstens noch das achte Kapitel erwähnt sei[169]: „Prähistorie und griechische Frühzeit". Mit der letzteren ist das 2. Jahrtausend v. Chr. gemeint. Höhepunkt sind natürlich die Entdeckungen von Heinrich Schliemann [170], „dessen Name eine ganze Epoche bezeichnet". Sie stammen aus homerischen Schauplätzen wie Troja und Mykene. Michaelis bringt eine kritische Würdigung der berühmten Funde Schliemanns, deren fachliche Definition damals in den Anfängen stand. Die wissenschaftliche Publikation „Die Schachtgräber von Mykene" von Georg Karo[171] erschien nicht früher als 1930/33. Entsprechendes gilt für die Arbeiten von Sir Arthur Evans in Knosos. Er grub dort seit 1900 einen Palast aus, von dem Michaelis zwar einiges beschreibt[172], aber die Publikation „The Palace of Minos" erschien 1921/36. In der Zeit von Michaelis wurde zwar schon die minoische Kultur als Vorgängerin der mykenischen erkannt, aber vieles an ihr blieb im Dunkeln. In einem Buch über archäologische Entdeckungen des 20. Jhs. würde

[166] Michaelis, 19. Jh. 150 ff. (Magnesia); 152 ff. (Priene); 154 ff. (Milet). In Magnesia am Mäander gräbt seit 1984 Orhan Bingöl von der Universität Ankara aus, mit guten Neufunden wie dem ‚Theatron' oder dem Kapitell mit Skylla; zu diesem H. Froning / T. Hölscher / H. Mielsch (Hrsg.) Kotinos. FS für Erika Simon (Mainz 1992) 418–423 (O. Bingöl). Zu Grabungen des 20. Jhs.: G. Kleiner, Die Ruinen von Milet (Berlin 1968); DNP 8 (2000) 176 ff. s. v. Miletos (V. von Graeve / J. Cobet).

[167] Michaelis, 19. Jh., 164 ff. P. Scherrer (Hrsg.) Ephesos. Der neue Führer. 100 Jahre österreichische Ausgrabungen 1895–1995 (Wien 1995).

[168] Szemethy 2005; das Zitat *ibidem* 9. Wie aus dem 707seitigen Buch mit 56 Tafeln hervorgeht, gehört zu seinen wichtigen Quellen Michaelis, 19. Jh. neben den Schriften von O. Benndorf, J. Borchhardt, Lullies / Schiering und N. Th. de Grummond, An Encyclopedia of the History of Classical Archaeology (1996). – Zum Heroon: W. Oberleitner, Das Heroon von Trysa. Ein lykisches Fürstengrab des 4. Jhs. v. Chr. (Wien 1994).

[169] Michaelis, 19. Jh., 176–199.

[170] Das Zitat *ibidem* 182; zu den Grabungen 183 ff.; Lullies / Schiering 45 f.; M. Ventris und J. Chadwick widmeten ihm ihr epochales Werk „Documents in Mycenaean Greek"(Cambridge Univ. Press 1959): „To the memory of Heinrich Schliemann (1822–1890) father of Mycenaean Archaeology".

[171] Georg Karo (1872–1963): Lullies / Schiering 181 f.

[172] Michaelis, 19. Jh., 197 f.

das 2. Jahrtausend v. Chr. einen besonderen Schwerpunkt bilden, vor allem nach der Entzifferung von Linear B und der Entdeckung des bronzezeitlichen Thera [173]. Aber wer könnte ein solches Buch schreiben? Einer Persönlichkeit wie Michaelis, zu dessen Gedächtnis diese Schrift erscheint, ist es für das nicht minder komplizierte 19. Jh. gelungen.

[173] Sp. Marinatos, Kreta, Thera und das mykenische Hellas (München 1959); H.-G. Buchholz, Ägäische Bronzezeit (Darmstadt 1987).

Speziell verwendete Abkürzungen zusätzlich zu denen im Archäologischen Anzeiger

1. Hier öfter zitierte Werke von A. Michaelis bzw. über ihn:

Gedenkschrift = Wiss. Gesellschaft Strassburg, Adolf Michaelis zum Gedächtnis (Strassburg 1913), darin Autobiographie (1–9) mit Nachtrag (10–13) und Bibliographie (31–51).

Lullies / Schiering = R. Lullies / W. Schiering, Archäologenbildnisse ([2]Mainz 1991).

Michaelis, Parth. = A. Michaelis, Der Parthenon (Leipzig 1870 / 71).

Michaelis, Marbles = A. Michaelis, Ancient Marbles in Great Britain (Cambridge 1882).

Michaelis, 19. Jh. = A. Michaelis, Die archäologischen Entdeckungen des 19. Jahrhunderts (Leipzig 1906).

2. Werke anderer Autoren:

Berger, Metopen = E. Berger, Der Parthenon in Basel. Dokumentation zu den Metopen (Basel / Mainz 1986).

Berger, Ostgiebel = E. Berger, Die Geburt der Athena im Ostgiebel des Parthenon. Studien der Skulpturhalle Basel Heft 1(1974).

Berger / Gisler, Fries = E. Berger / M. Gisler-Huwiler, Der Parthenon in Basel. Dokumentation zum Fries (Basel / Mainz 1996).

Brommer, Fries = F. Brommer, Der Parthenonfries (Mainz 1977).

Brommer, Giebel = F. Brommer, Die Skulpturen der Parthenon-Giebel (Mainz 1963).

Brommer, Metopen = F. Brommer, Die Metopen des Parthenon (Mainz 1967).

Bruno 1974. = V. J. Bruno, The Parthenon (Norton Comp. New York).

Calder 1991 = W. M. Calder III / H. Cancik / B. Kytzler (Hrsg) Otto Jahn (Stuttgart) mit Beiträgen von J. Bazant, B. Kytzler u. a.

Cosmopoulos 2004 = M. B. Cosmopoulos (Hrsg.) The Parthenon and its Sculptures (Cambridge Univ. Press 2004).

Drougou 2004 = S. Drougou, War and Peace in Ancient Athens. The Pella Hydria (Athen).

Ehrhardt 2004 = W. Ehrhardt, Zu Darstellung und Deutung des Gestirngötterpaares am Parthenon. In: JdI 119, 2004, 1–39.

Fehr 2004 = B. Fehr, „Kinder die den Eltern gleichen“ – ein Beitrag zur Deutung des Parthenon-Ostgiebels. In: J. Gebauer u. a. (Hrsg.) Bildergeschichte. FS Klaus Stähler (Möhnesee) 125–150.

Fuchs 1983 = W. Fuchs, Die Skulptur der Griechen ([3]München)

Graepler 2005 = D. Graepler, Der Parthenon in Göttingen: Karl Otfried Müller und die Erwerbung von Abgüssen der Elgin Marbles. In: E. Mittler (Hrsg.) „Eine Welt allein ist nicht genug“. Großbritannien, Hannover und Göttingen 1714–1837 ([2]Göttingen 2005) 299–340.

Harrison 1967 = E. B. Harrison, U and her Neighbors in the West Pediment of the Parthenon. In: FS Rudolf Wittkower (Phaidon) 1–9.

Herde 1981 = P. Herde, 75 Jahre Wissenschaftliche Gesellschaft. Ein Abriss ihrer Geschichte. FS Wiss Ges.Univ. Frankfurt / M. (Stuttgart 1981) 1–53.
Karanastassi 1997 = LIMC VIII Supppl. 1199–1205 s.v. Themis (P. Karanastassi).
Karusu 1984 = LIMC II 904–917 *s.v.* Astra (S. Karusu).
Kossatz-Deissmann 1990 = LIMC V 741–760 *s.v.* Iris I (A. Kossatz-Deissmann).
Kreuzer 2005 = „Geschlossene Gesellschaft" im Parthenon-Westgiebel. In: Th. Ganschow / M. Steinhart (Hrsg.) Otium. FS Volker Michael Strocka (Remshalden) 193–200.
Lindner 1982 = R. Lindner, Die Giebelgruppe von Eleusis mit dem Raub der Persephone. In: JdI 97, 303–400.
Lullies / Hirmer 1979 = R. Lullies / M. und A. Hirmer, Griechische Plastik ([4]München).
Neils 2001 = J. Neils, The Parthenon Frieze (Cambridge Univ. Press).
Palagia 1993 = O. Palagia, The Pediments of the Parthenon (Leiden).
Pollitt 2000 = J. J. Pollitt, Patriotism and the West Pediment of the Parthenon. In: G. T. Tsetskhladze u. a.(Hrsg.) Periplous. FS Sir John Boardman (London) 220–227.
Robertson 1981 = M. Robertson, A Shorter History of Greek Art (Cambridge Univ. Press).
Schauenburg 1962 = K. Schauenburg, Gestirnbilder in Athen und Unteritalien. In: AntK 5, 51–64.
Simon 1975 = E. Simon, Versuch einer Deutung der Südmetopen des Parthenon. In: JdI 90, 100–120.
Simon 1980 / 98 = E. Simon, Die Mittelgruppe im Westgiebel des Parthenon. In: H. A. Cahn / E. Simon (Hrsg.) Tainia. FS Roland Hampe (Mainz) 239–255. Mit Zusätzen wieder abgedruckt in E. Simon, Ausgewählte Schriften I (Mainz 1998) 99–115, danach zitiert.
Simon 1986 / 98 = E. Simon, El nacimiento de Atenea en el fronton Oriental del Partenon. In: R. Olmos (Hrsg.) Coloquio sobre el puteal de la Moncloa (Madrid 1986) 65–85; deutsche Übersetzung in Ausgewählte Schriften I (Mainz 1998) 81–98, danach zitiert.
Spaeth 1991 = B. Stanley Spaeth, Athenians and Eleusinians in the West Pediment of the Parthenon. In: Hesperia 60, 331–362.
Szemethy 2005 = J. Borchhardt / F. Krinzinger (Hrsg.) H. D. Szemethy, Die Erwerbungsgeschichte des Heroons von Trysa. Ein Kapitel österreichisch-türkischer Kulturpolitik (Wien).
Tiverios 2005 = M. Tiverios, Der Streit um das attische Land. Götter, Heroen und die historische Wirklichkeit. In: V. M. Strocka (Hrsg.), Meisterwerke. Internationales Symposion anlässlich des 150. Geburtstages von Adolf Furtwängler (München 2005).
Toepffer, AttGen = I. Toepffer, Attische Genealogie (Berlin 1889).
Weidauer / Krauskopf 1992 = L. Weidauer / I. Krauskopf, Urkönige in Athen und Eleusis. In: JdI 107, 1 – 16.
Weiss 1984 = C. Weiss, Griechische Flussgottheiten in vorhellenistischer Zeit (Würzburg).

Mein herzlicher Dank gilt Anneliese Kossatz-Deißmann, Irma Wehgartner, Carina Weiß (alle Würzburg), Brigitte Freyer-Schauenburg (Kiel) und Matthias Steinhart (Freiburg / Br.) für freundliche Hilfe bei der Beschaffung von Literatur.

VERZEICHNIS UND NACHWEIS DER ABBILDUNGEN (TAFELN 1–15)

1.	Profilporträt von Adolf Michaelis. Vergoldete Bronze auf Marmor. Arbeit des Strassburger Bildhauers Marzolff zum 70. Geburtstag am 22. Juni 1905. – Nach Gedenkschrift 30 (Anm. 2).	41
2.	Fotographie von Adolf Michaelis aus dem Jahr 1906. – Nach Gedenkschrift, Frontispiz (Anm. 2).	41
3.	Portätgemälde von Otto Jahn, dem Onkel von Michaelis. – Nach Lullies / Schiering 35 (Anm. 4).	41
4,1 u. 2	J. Carrey, Ostgiebel des Parthenon. Zeichnung von 1674. Paris, Bibl. Nat. (Darunter die von Michaelis gegebenen Buchstaben). – Nach Aufnahme im Besitz der Verf. (Anm. 46–48).	42
5,1 u. 2	J. Carrey, Westgiebel des Parthenon. Zeichnung von 1674. Paris, Bibl. Nat. (Darunter die von Michaelis gegebenen Buchstaben). – Nach Aufnahme im Besitz der Verf. (Anm. 46–48).	43
6,1.	Helios und Gespann vom Ostgiebel des Parthenon. London, Brit. Mus. – Museumsaufnahme (Anm. 54).	44
6,2.	Aphrodite im Schoß der Themis vom Ostgiebel des Parthenon. (die Göttin links wohl Leto). London, Brit. Mus. – Museumsaufnahme.	44
7,1.	Zeichnerische Rekonstruktion der verlorenen Mittelgruppe des Parthenon-Ostgiebels. Von links nach rechts: Ares mit Zweigespann nach links, Hephaistos, Athena, thronender Zeus, Hera, Poseidon mit Reitpferd (vgl. Abb. 17). – Nach Simon 1986/98, 95 Abb. 8.11 (Anm. 51).	45
7,2.	Kopf des vorderen Pferdes der Nachtgöttin (Goethes Urpferd) vom Ostgiebel des Parthenon. London, Brit. Mus. – Aufnahme Hirmer (Anm. 69).	45
8,1.	Gipsabguss der Metope Nord 1 vom Parthenon. Aufsteigende Nachtgöttin. Basel, Skulpturhalle. – Nach Berger, Metopen Taf. 4 (Anm. 62).	46
8,2.	Gipsabguss der Metope Nord 29 vom Parthenon. Reitende Selene. Basel, Skulpturhalle. – Nach Berger, Metopen Taf. 28 (Anm. 61).	46
9,1.	Gipsabguss der Metope Nord 32 vom Parthenon. Athena und Themis (?). Basel, Skulpturhalle. – Nach Berger, Metopen Taf. 34 (Anm. 64).	47
9,2.	Athen, Akropolis, Parthenon vom Nordwesten. – Nach Postkarte.	47

10. Dionysos vom Ostgiebel des Parthenon. London, Brit. Mus. – Nach Berger, Giebel Taf. 27 (Anm. 76). 48

11. Kore, Demeter und Hekate vom Ostgiebel des Parthenon. London, Brit. Mus. – Nach Berger, Giebel Taf. 33 (Anm.78). 48

12. Westseite des Parthenon in einem Kupferstich aus Joseph Thürmer, Ansichten von Athen, Rom 1822, nach einer in Athen entstandenen Zeichnung aus dem Jahr 1819. (Brommer, Giebel 118). – Nach Original im Besitz der Verf. 49

13. Gipsabguss der Figuren B und C aus dem Westgiebel des Parthenon (heute im Akropolismuseum), Rückseite. London, Brit. Mus. Mueumsaufnahme (Anm. 101). 49

14,1 u. 2 Vorder- und Rückseite des Flussgottes Kephisos (Figur A) vom Westgiebel des Parthenon. London, Brit. Mus. – Museumsaufnahmen (Anm. 94/95). 50

15,1. Fragment eines Perdekopfes vom Athenagespann aus dem Westgiebel des Parthenon. Rom, Vatikan. – Nach alter Aufnahme im Besitz der Verf. (Anm. 88). 51

15,2. Zeichnerische Rekonstruktion (von E. Berger) der Figuren S bis V im Westgiebel des Parthenon. Nach Deutung der Verf. Butes, drei Nymphen, Ilisos. – Nach Lindner 1982, 371 Abb. 48 (Anm. 116). 51

16. Faliskischer Kelchkrater (370 v. Chr.): die trojanische Prinzessin Hermione als Braut auf der Aussteuer-Truhe, links davon der Vater Laomedon, über ihr sitzt ihre Mutter, rechts kommt Herakles heran. Washington D.,C. Catholic University of America. Museumsaufnahme, mit Dank an Linda Safran (Anm. 80). 52

17. Attische Hydria, in Pella ausgegraben (spätes 5. Jh. v. Chr): Streit um das attische Land, der durch den Blitz des Zeus beendet wird. Pella, Museum. – Museumsaufnahme, mit Dank an Stella Drougou (Anm.93). 53

18. Porträt des Thukydides. Marmorbüste aus der Zeit des Kaisers Hadrian nach einer spätklassischen Bronzestatue des Historikers. England, Lincolnshire, Holkham Hall. – Fotografie aus A. Michaelis, The Holkham Bust of Thucydides (Anm. 125). 54

19. Grabstele von der Insel Paros (mittleres 5. Jh. v. Chr.): Mädchen mit zwei Tauben. Früher England, Brocklesby Park, seit 1927 in New York, Metr. Mus. – Nach Michaelis, Marbles 228 (Anm. 129). 55

20. Oberteil der Grabstele Abb. 19. Museumsaufnahme. 55

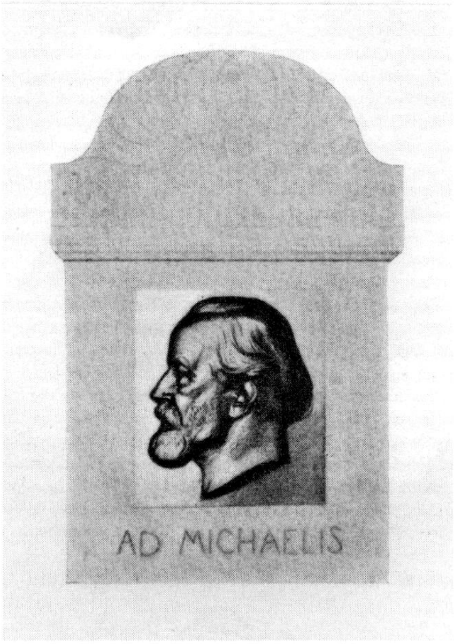

1

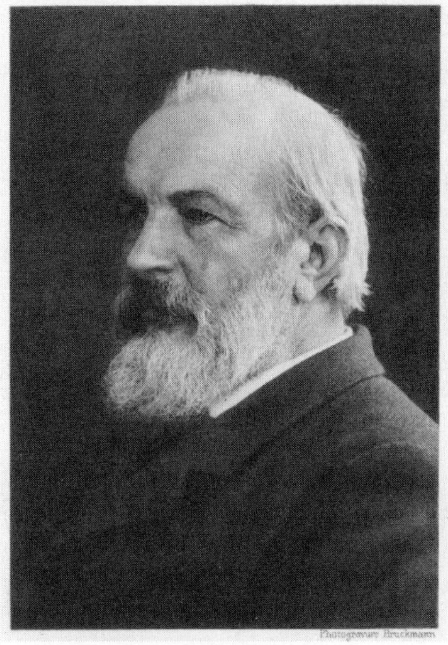

2

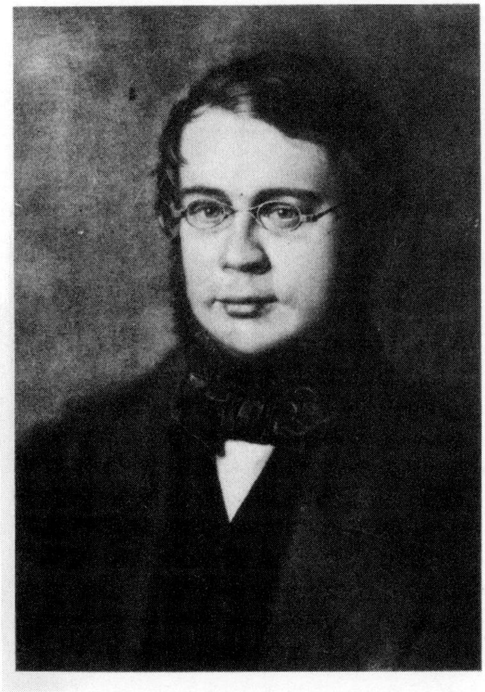

3

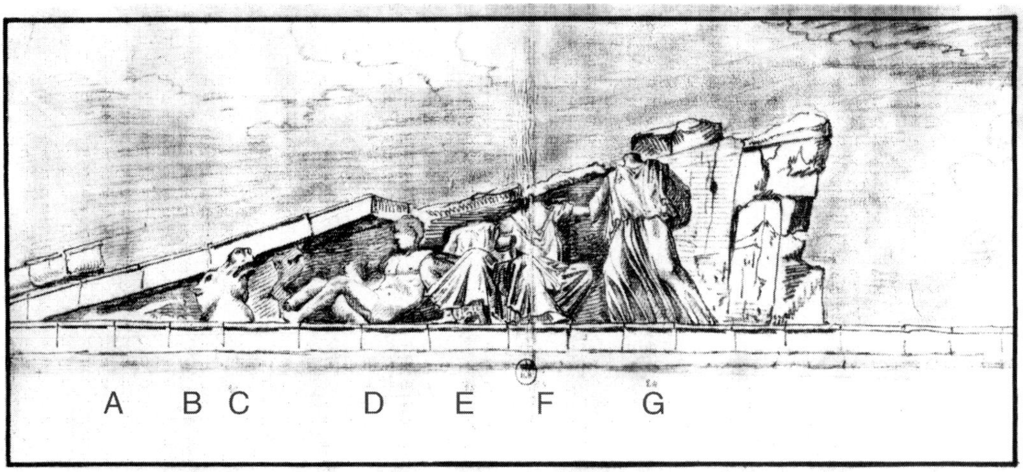

4.1

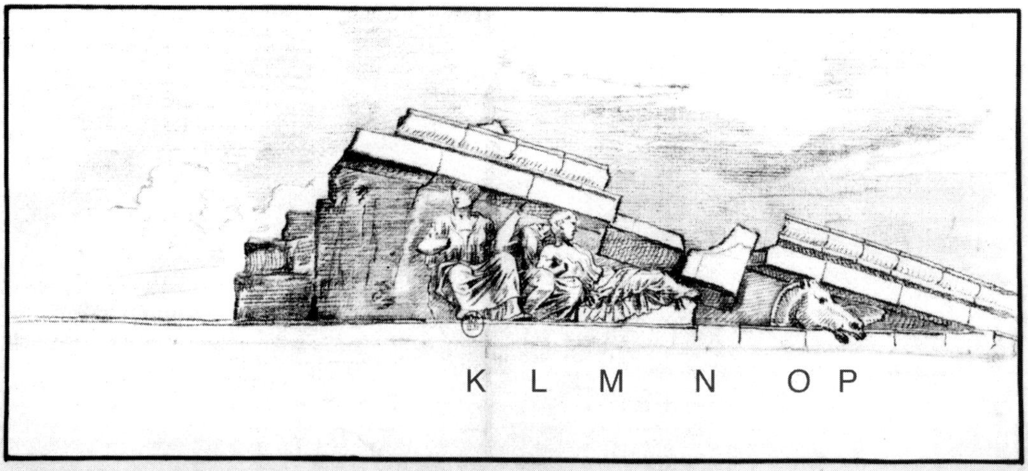

4.2

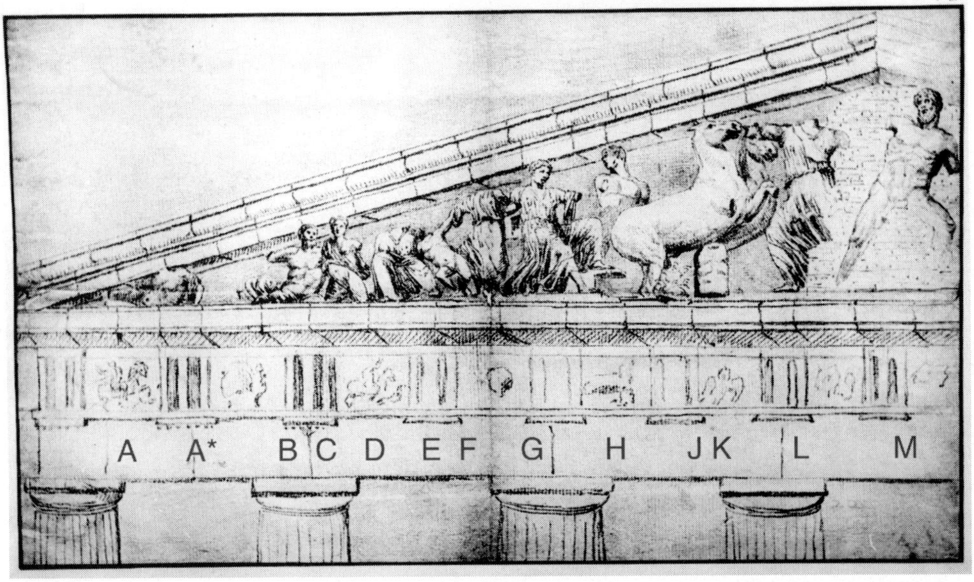

5.1

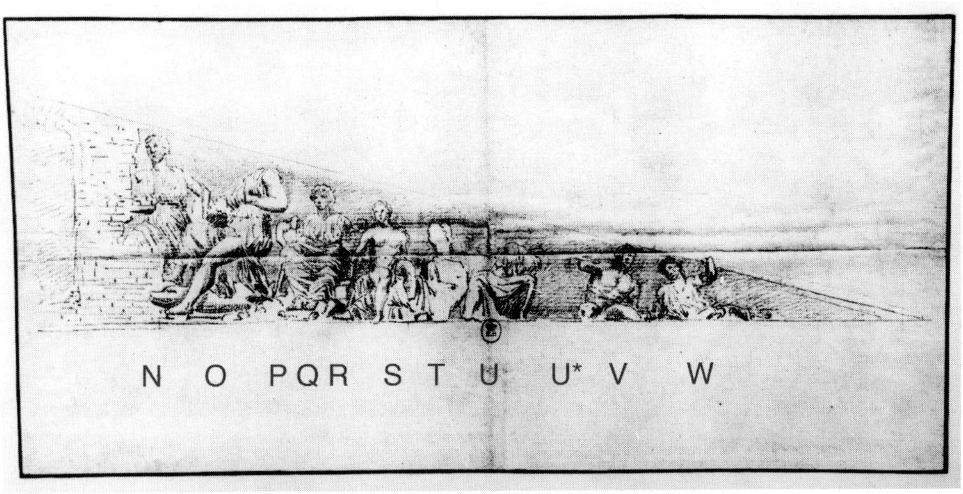

5.2

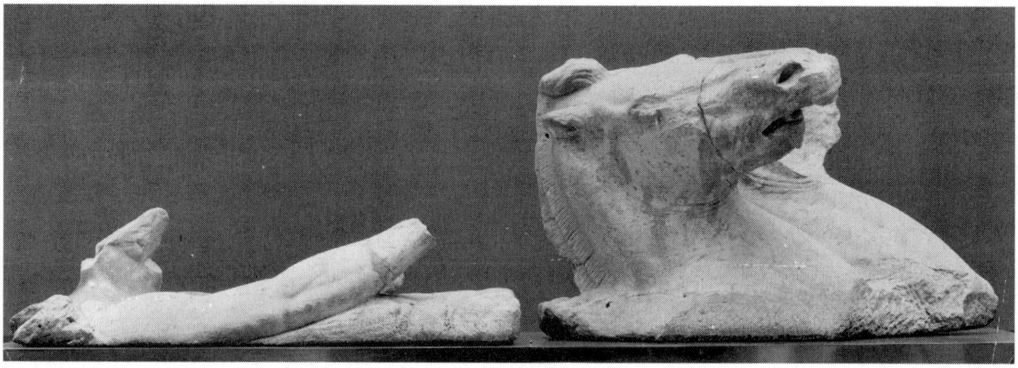

6.1

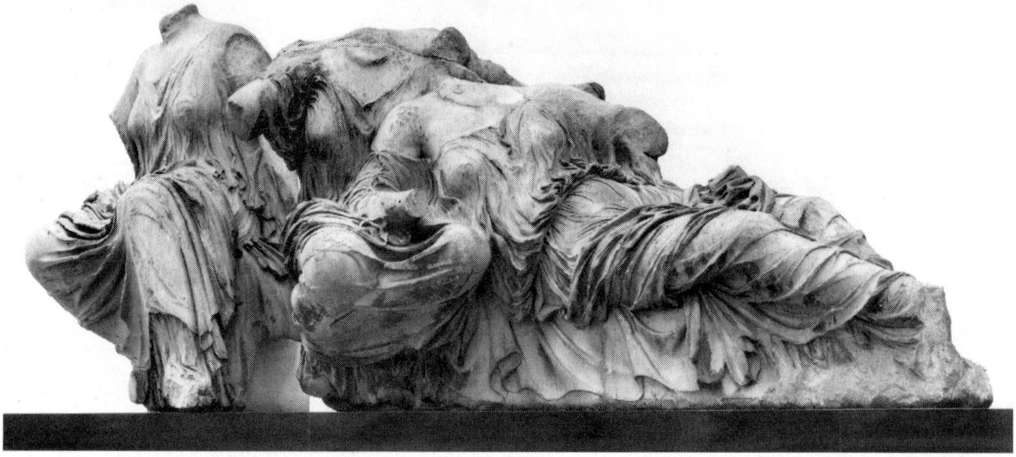

6.2

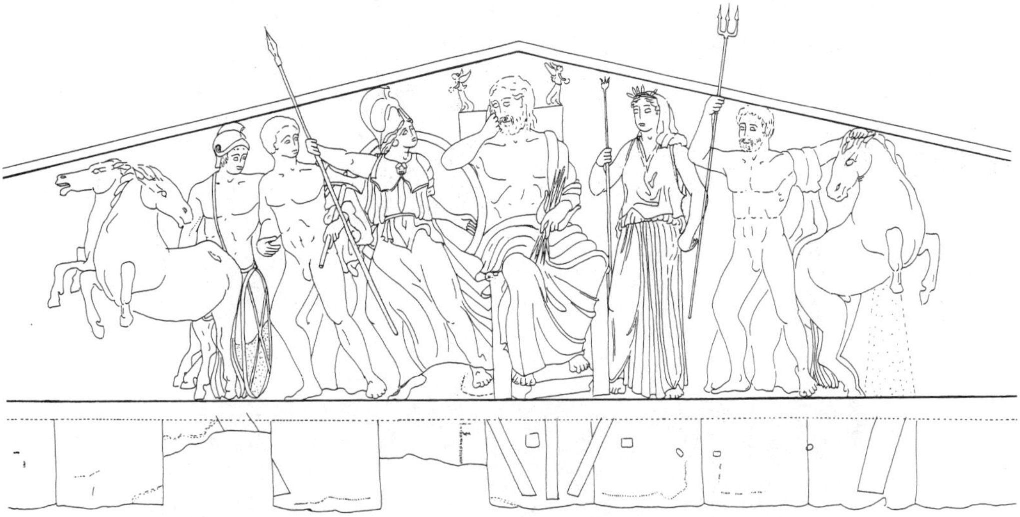

7.1

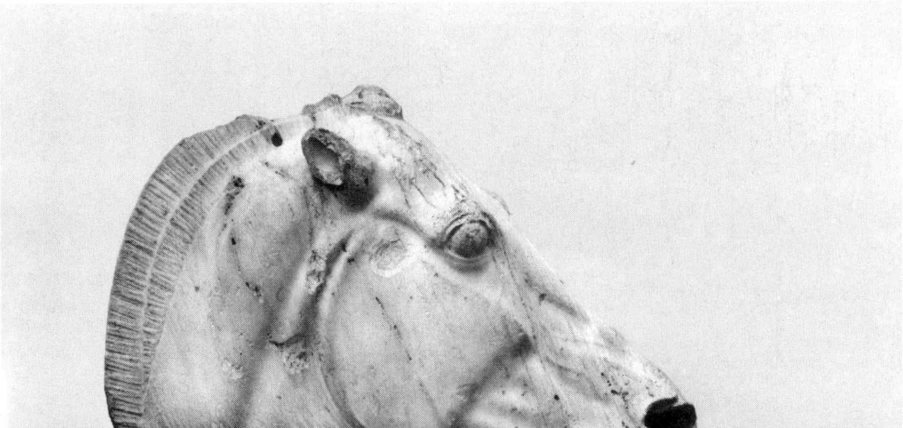

7.2

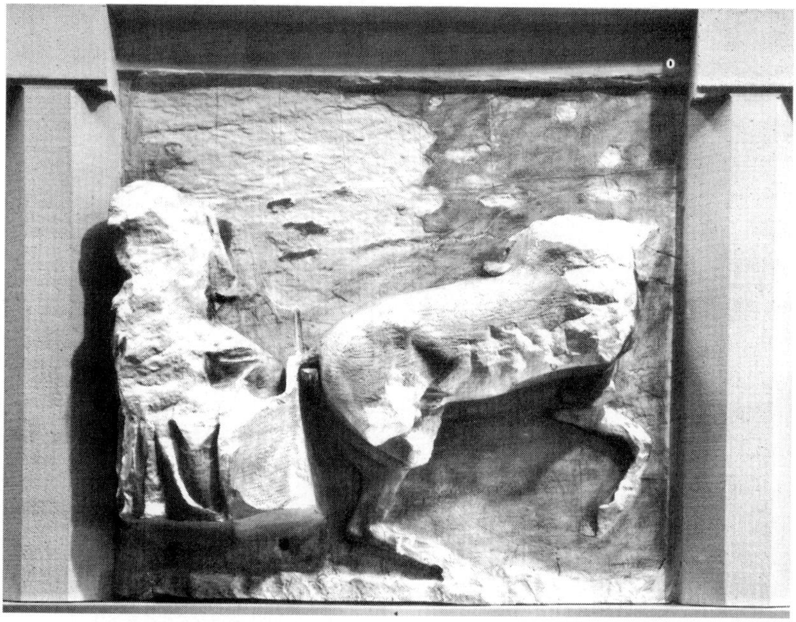

8.1

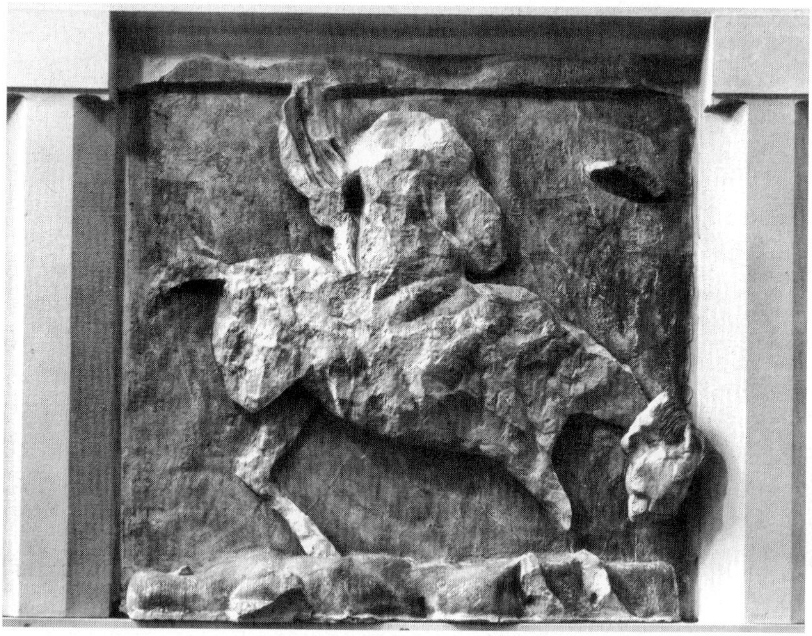

8.2

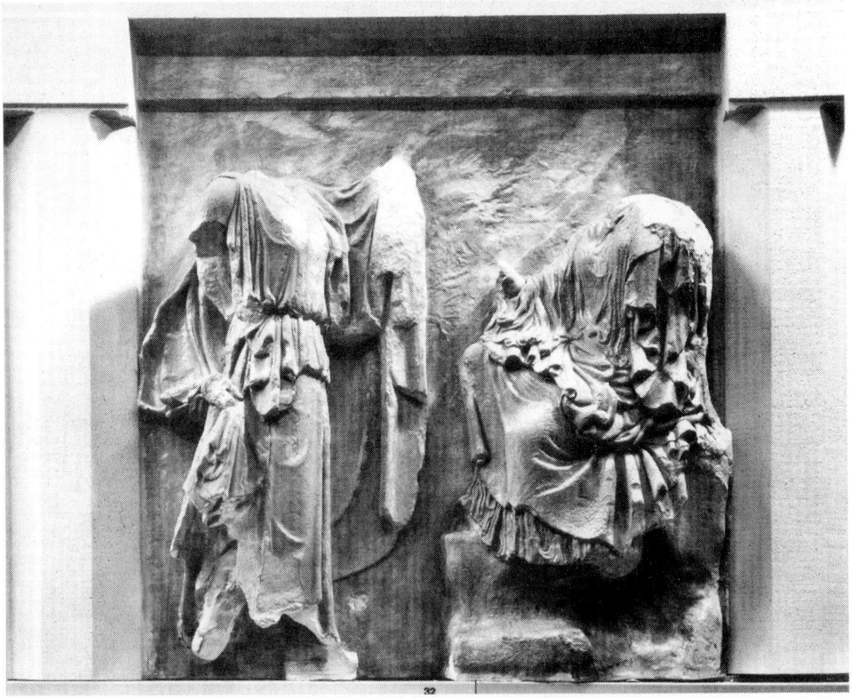

9.1

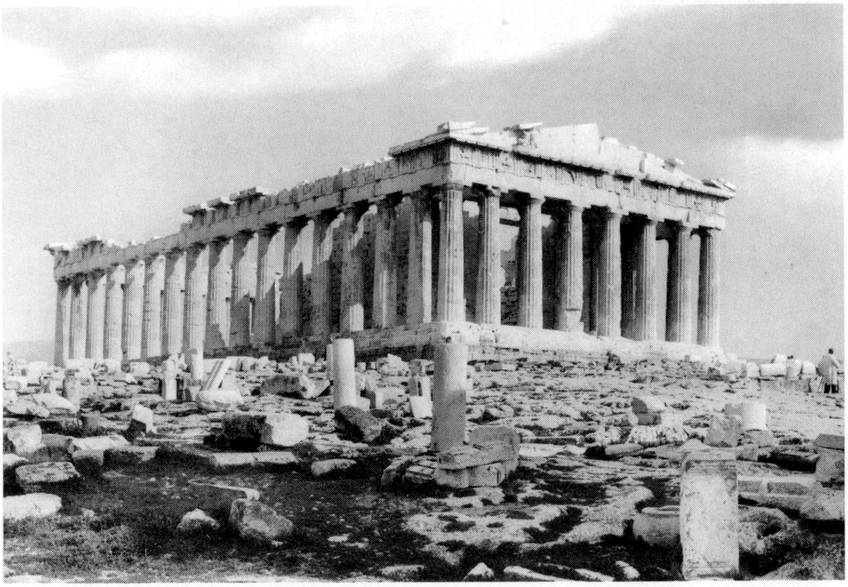

9.2

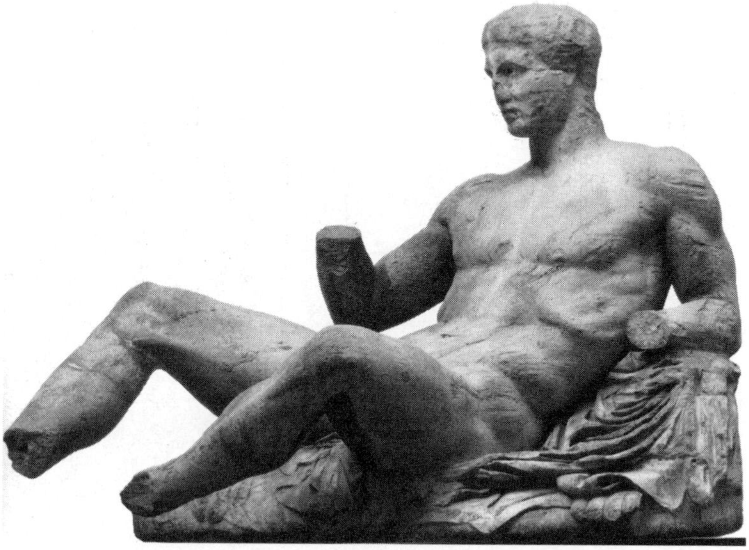

10

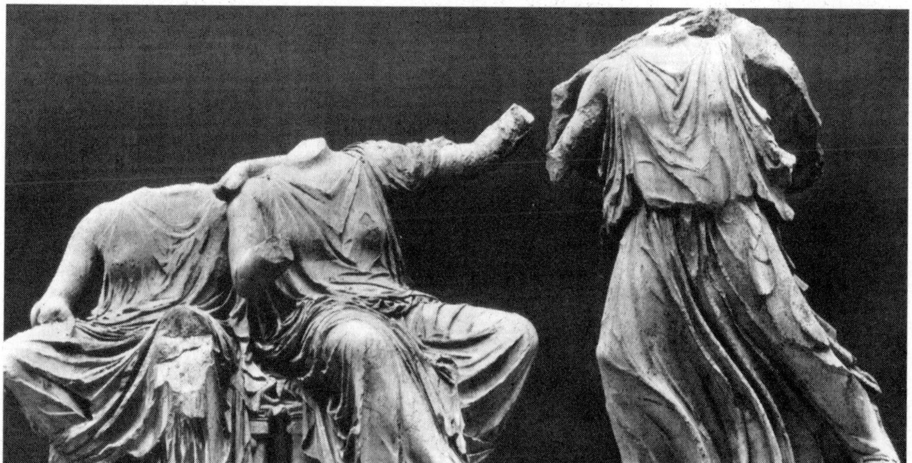

11

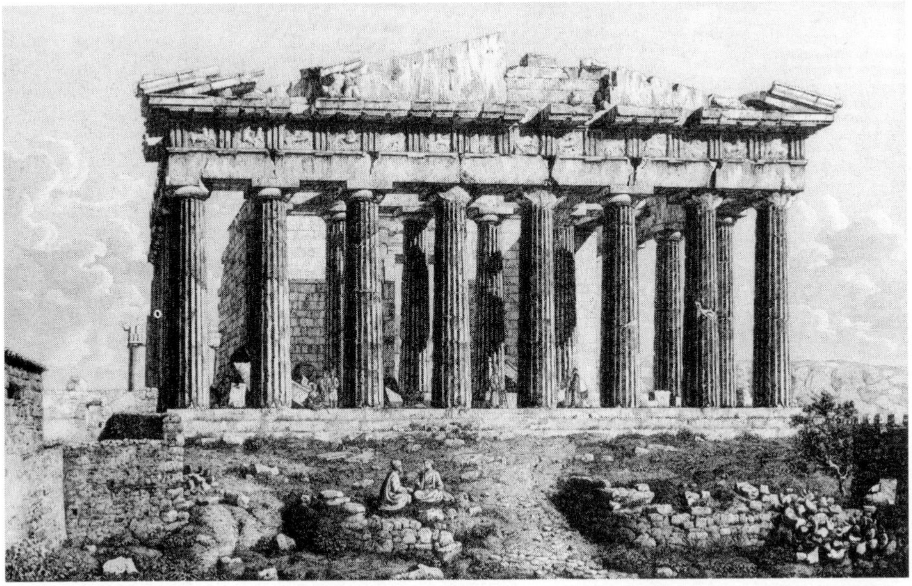

12

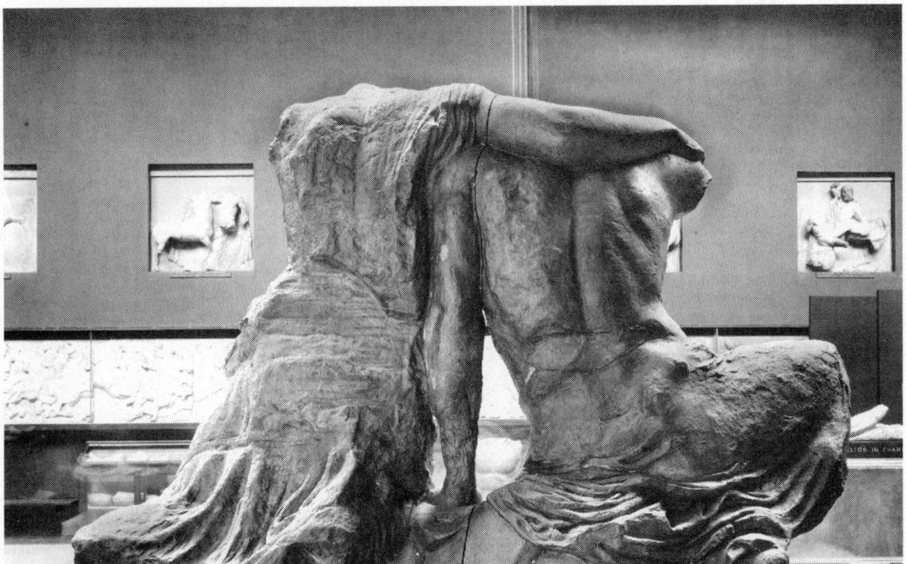

13

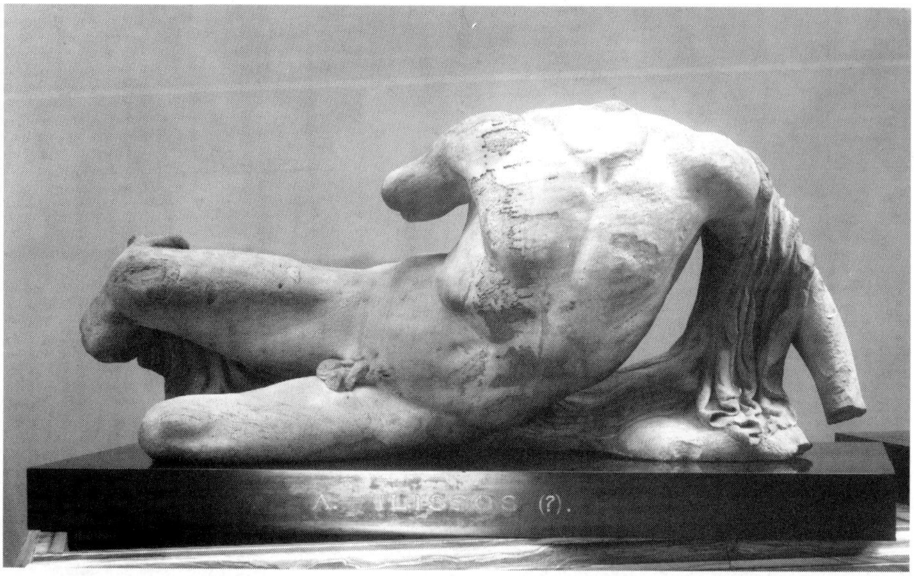

14.1

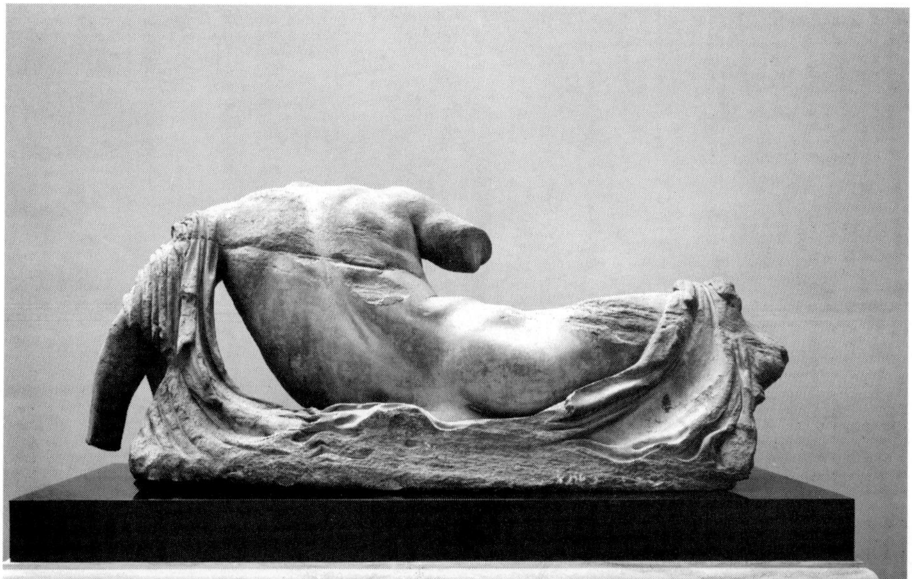

14.2

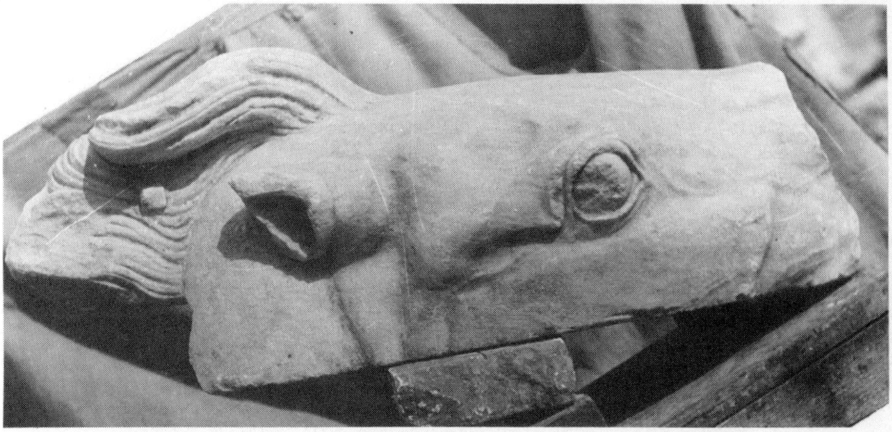

15.1

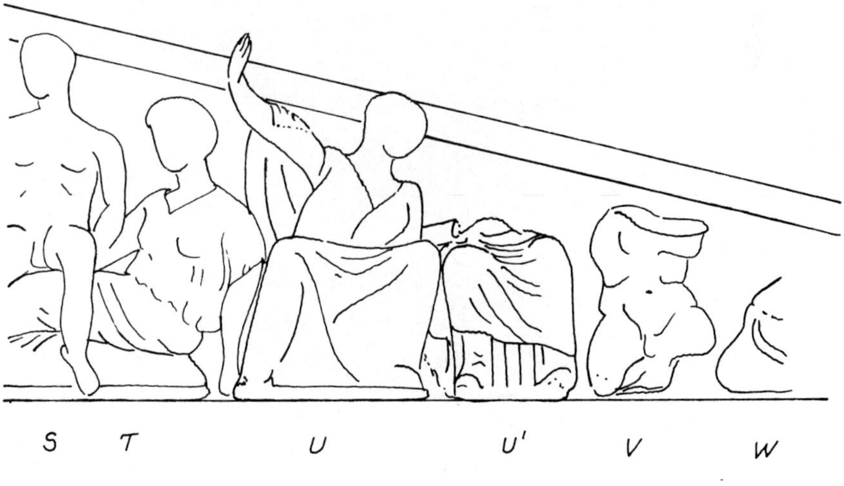

15.2

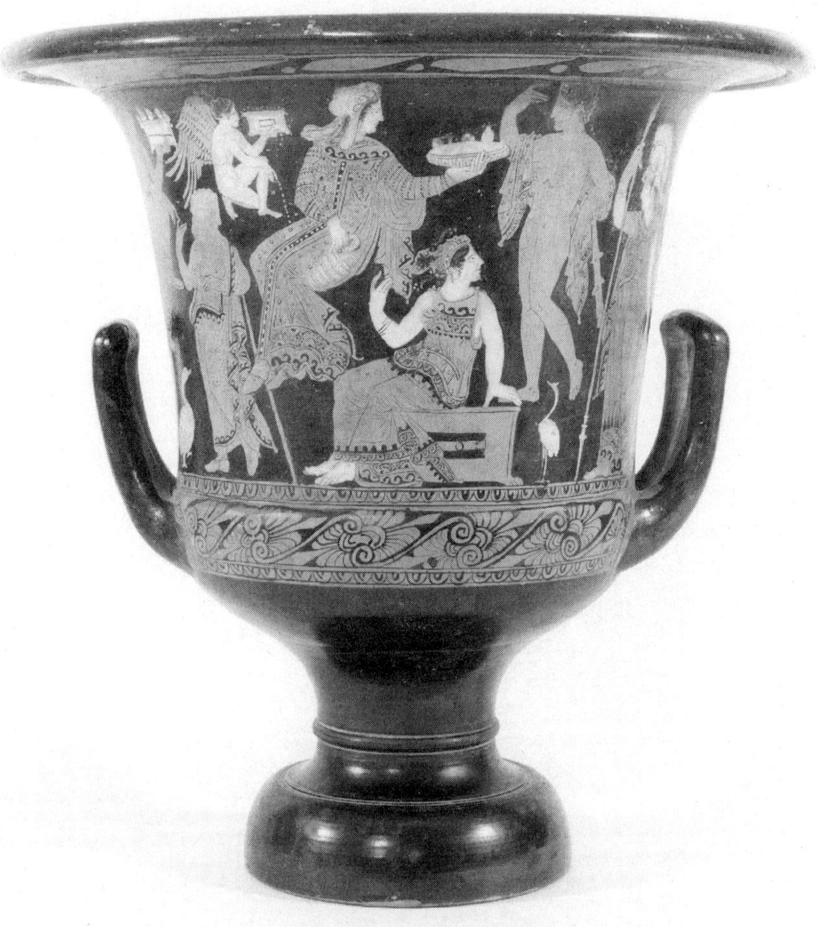

16

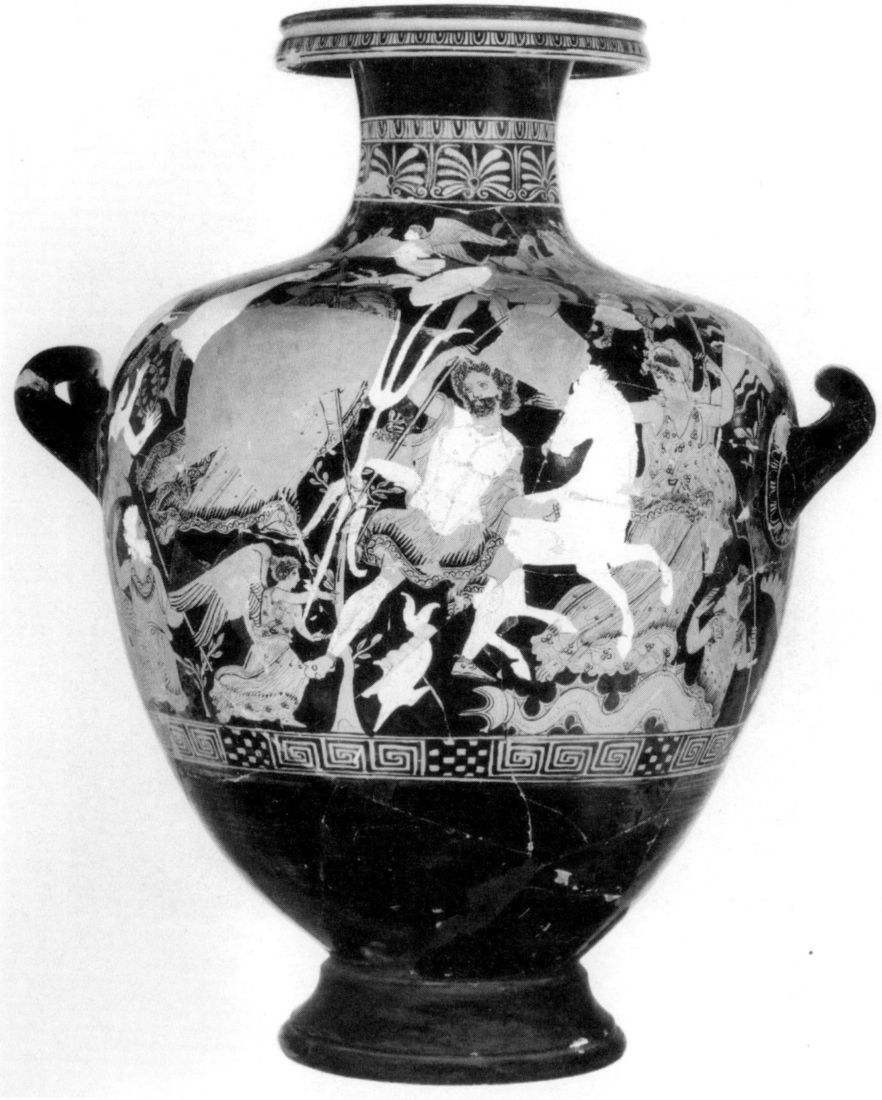

17

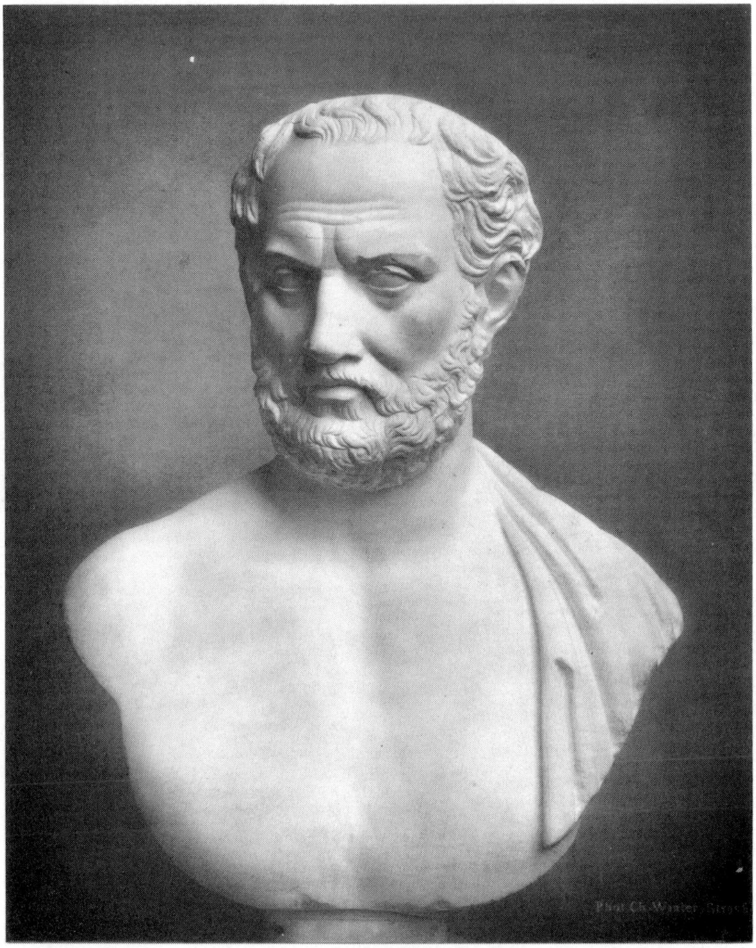

18

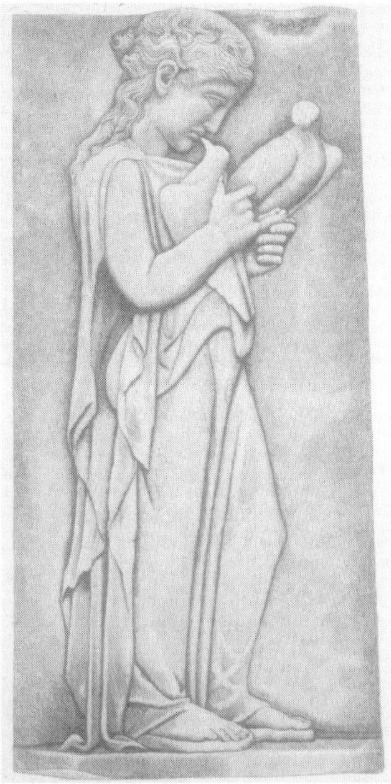

19

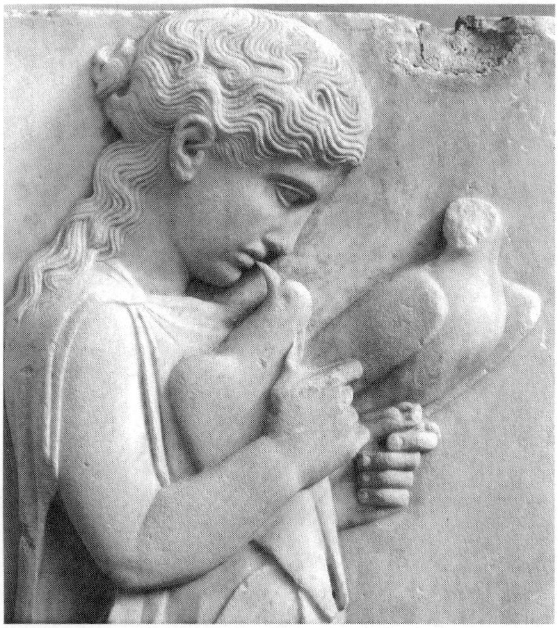

20